Olaf Huth

Die Erfolgs-Geheimnisse der Millionäre

Olaf Huth

Die Erfolgs-Geheimnisse der Millionäre

Strategien zum Reichtum

books & art

Vertrieb: BPV Medien Vertrieb GmbH & Co KG
Römerstr. 90, 79618 Rheinfelden
Tel. 07623/964269 Fax 07623/964259

Umschlaggestaltung und Satz: Buch&media, München
Druck und Bindung: GGP Media, Pößneck
Printed in Germany

ISBN 3-9808-3586-3

Wichtiger Hinweis:

Alle Tipps und Ratschläge in diesem Buch wurden sorgfältig recherchiert. Jede Leserin und jeder Leser ist jedoch aufgefordert, diese nach eigener Verantwortung und eigenem Risiko zu gebrauchen.

Weder der Autor noch die Herausgeber dieses Buches übernehmen daher die juristische Verantwortung oder irgendeine Haftung für den Gebrauch oder Missbrauch der hier dargebrachten Informationen.

Inhalt

Wenn Sie jetzt arm sind, haben Sie den idealen Ausgangspunkt, um reich zu werden

> Bevor man sein Ziel erreicht, um dadurch
> ein angenehmeres Leben zu führen,
> ist es nötig, die Entbehrung kennen gelernt
> zu haben, denn nur dadurch weiß man das
> Wohltuende zu schätzen.
>
> *Chao-Hsiu Chen*

In den Lebensläufen fast aller Self-Made-Millionäre ist zu lesen, dass sie aus den Reihen der weniger Begüterten kamen oder in ihrer Kindheit sogar mit der Armut zu kämpfen hatten. In ihren Memoiren betrachten sie aber genau das als einen wesentlichen Punkt ihres Erfolgs. Sie begründen dies wie folgt: Die Kinder der Reichen haben zwar Diener und Erzieherinnen und sie wachsen frei von finanziellen Sorgen auf, doch fehlt ihnen gerade deshalb in den meisten Fällen der innere Antrieb, selbst etwas leisten zu müssen und zu wollen. Der wenig Begüterte oder sogar Mittellose dagegen steht mit dem Rücken zur Wand. Er hat gar keine andere Wahl als selbst aktiv zu werden, um besser leben oder überleben zu können. Aus diesem Grund sind aus den Reihen der Armen auch die meisten bedeutenden und reichen Menschen hervorgegangen. Wohlgemerkt: Mitgezählt werden in diesem Zusammenhang nicht die Leute, die infolge einer Erbschaft zu großem Reichtum gelangt sind, sondern nur diejenigen, die es selbst zu großem Wohlstand gebracht haben, eben die so genannten *Self-Made*-Millionäre.

So gut wie alle großen Unternehmen wurden von Personen aufgebaut, die aus der Masse der Unvermögenden stammten. Diese begannen Ihre Karriere als Ladengehilfe, kleiner Bankangestellter, Vertreter, Mechaniker oder als Arbeiter in der Landwirtschaft. Genannt seien hier beispielsweise so bekannte Namen wie John D. Rockefeller (Gründer der Standard Oil), Henry Ford (Gründer der Ford Automobilwerke), Bill Gates (Microsoft-Gründer), Steven Job (apple-Computer-Gründer), Ray Kroc (Gründer und Manager der McDonalds-Kette), Michel Dell (Gründer des Dell-Computervesandhandels).

Die meisten von Ihnen hatten nicht einmal eine höhere Schulbildung. Akademiker befanden und befinden sich kaum unter den Self-Made-Millionären. Heutzutage besteht das Management der Multi-Millionen-Unternehmen zwar meist aus Leuten mit Universitäts- und Hochschulausbildung, diese sind aber »nur« die Nachkommen der Gründer bzw. stehen den Firmeninhabern beratend in Spezialgebieten zur Seite.

Viele werden nun sicherlich denken: In der heutigen Zeit der weltweit operierenden Großkonzerne ist es nicht mehr möglich, großen Reichtum zu erlangen. Das war vielleicht vor zwanzig oder fünfzig Jahren noch möglich, aber nicht mehr jetzt. Sollten Sie auch so denken, dann trennen Sie sich rasch von dem Gedanken. Die Antwort liegt im Abschnitt zuvor. In unserer hoch spezialisierten und technisierten Welt sind Menschen mit Ideen und Spezialwissen gefragt. Auch dafür ist nicht unbedingt eine höhere Bildung erforderlich. Das beweisen begabte Mechaniker und Computerfreaks, die aufgrund ihrer Kreativität und ihres Spezialwissens in die Führungsetagen von Großunternehmen geholt wurden. Wirkliche Leistungsfähigkeit und Kreativität war niemals gesuchter als jetzt und wird sehr gut bezahlt. Oft können so junge Menschen auch ohne Eigenkapital Teilhaber an einem bestehenden Unternehmen werden und/oder erhalten

Gewinnanteile, die sie ans Geschäft binden, um sie nicht zu verlieren.

Eine wesentliche Voraussetzung für Erfolg im Beruf ist, dass Sie auch eine Tätigkeit ausüben, die Sie interessiert, in die Sie sich voll einbringen. Hegen Sie kein sonderliches Interesse an Ihrer Tätigkeit, dann haben Sie entweder den falschen Beruf gewählt oder es liegt an Ihnen. Die Lösung ist ganz einfach: Entweder müssen Sie Ihren Job wechseln oder Sie ändern sich.

Sind Sie in einem großen Unternehmen beschäftigt, können Sie Ihr Einkommen oft mit einer recht einfachen Methode erhöhen. Fragen Sie Ihren Chef – und zwar nicht Ihren unmittelbaren Vorgesetzten, sondern am besten Ihren höchsten Chef, was Sie für ihn tun können, um ihm von größerem Nutzen zu sein. Wie Sie mehr für sein Unternehmen leisten können, welche Fortbildungskurse Sie während der Arbeitszeit und/oder außerhalb besuchen sollen, welche Fachzeitschriften Sie lesen sollen, usw. Allein schon deshalb, weil Sie zu Ihrem obersten Chef gegangen sind und ihm diese Fragen stellten, haben Sie mit Sicherheit seine Aufmerksamkeit erregt. Und in der obersten Führungsebene für (positive) Aufmerksamkeit zu sorgen, ist ein wichtiger Schritt in Sachen Erhöhung des Einkommens. Die Vorgesetzten sind schließlich dafür verantwortlich, wer in eine höhere und besser bezahlte Position befördert wird. Ohne diese Unterstützung werden Sie im Leben kaum Karriere machen, auch wenn Sie noch so begabt und tüchtig sind. Für überdurchschnittliche Erfolge ist immer auch die Hilfe anderer Menschen notwendig.

Sie brauchen also keine weltbewegenden Erfindungen zu machen oder eine Goldmine entdecken, um sehr wohlhabend zu werden. Suchen Sie sich zunächst entsprechend Ihrer Qualifikation ein aufstrebendes Unternehmen aus, indem Sie eine Tätigkeit als Angestellter aufnehmen. Achten Sie bei der Auswahl dieser Firma aber darauf, dass es sich um ein expansionsfähiges

Unternehmen handelt, dass es Möglichkeiten des Aufstiegs gibt und Ihr zukünftiger Chef auch gewillt ist, Beförderungen nicht nur nach der Betriebszugehörigkeit auszusprechen, sondern hauptsächlich nach der Leistung. Sollte der Aufstieg auf der Karriereleiter und Gehaltserhöhungen vor allem von der Dauer der Betriebszugehörigkeit abhängen, wählen Sie lieber ein Unternehmen, dass leistungsorient befördert und bezahlt. Nur so haben Sie die Chance, in relativ kurzer Zeit ein hohes Einkommen zu erzielen.

Von großer Bedeutung für das Vorwärtskommen in einem Unternehmen ist es, dass Sie auf sich aufmerksam machen (natürlich im positiven Sinne). Dies gelingt am besten, wenn Sie etwas Außergewöhnliches tun, etwas, dass über Ihre eigentlichen Aufgaben hinaus geht. Machen Sie einen Verbesserungsvorschlag oder erweisen Sie Ihrem Arbeitgeber einen Dienst, der ihm zu Einsparungen verhilft oder dazu dient, die Produktion zu steigern. Das Interesse Ihres Chefs an Ihnen wird steigen, denn er ist auf Angestellte und Arbeiter angewiesen, die ihre Stelle bestmöglich ausfüllen. Damit haben Sie bereits einen Fuß im Steigbügel, wenn es darum geht, eine höhere Position im Unternehmen zu besetzen. Ihr Vorgesetzter weiß dann bereits, dass Sie aufgrund Ihrer bisherigen Taten für eine höhere Position geeignet sind.

Auch im Arbeitnehmerverhältnis gilt der Grundsatz, dass man erst mehr »aussäen« muss, wenn man mehr ernten will. Die Zeit der Entschuldigungen, weshalb man bisher keine Gelegenheit gehabt hat, mehr Geld zu verdienen dürfte also vorbei sein. Jeder kann mehr verdienen, wenn er mehr leistet. Wenn Ihr Chef nicht bereit ist, Ihnen für mehr Leistung auch mehr zu bezahlen, sind Sie derzeit eben im falschen Unternehmen. Es gibt dann nur eine richtige Schlussfolgerung: Das Unternehmen wechseln und dort anfangen, wo Ihre zusätzlichen Leistungen belohnt werden.

Halten Sie Ihre Augen und Ohren immer offen, damit es Ihnen nicht entgeht, wenn sich die Chance bietet, Teilhaber an der Gesellschaft zu werden, für die Sie arbeiten. Oft bieten die Inhaber besonders tüchtigen Arbeitnehmern auch eine Teilhaberschaft an ihrem Unternehmen an. Statt Gehaltserhöhungen bieten sie den Erwerb von Aktien an.

Sind Sie in einem Arbeitnehmerverhältnis tätig und möchten dies auch bleiben, gibt es trotzdem eine Möglichkeit, ein überdurchschnittlich hohes Einkommen zu erzielen. Die Lösung lautet: Sorgen Sie dafür, dass Sie in Ihrem Unternehmen gefragt sind, dass man dort ohne Ihre Hilfe nicht auskommt, dass die anderen ohne Sie nicht zurechtkommen, dass deren Einkommen und Wohlergehen von Ihnen abhängen.

Unersetzlich weden Sie vor allem, wenn Sie über besondere Talente und/oder Fähigkeiten verfügen, die Sie für die Erledigung von Aufgaben einsetzen.

Die Strategie, dies zu erreichen, besteht darin, den anderen nie soviel beizubringen (auch Ihrer »Vertretung« nicht), dass sie ohne Sie zurechtkommen. Behalten Sie immer noch wichtige Details für sich, steigen Sie idealerweise zur Einzigartigkeit in Ihrer Position auf. Bleiben Sie in der Erledigung Ihrer Aufgaben ersetzbar, wird genau dies eines Tages auch passieren. Sie werden entlassen und an Ihre Stelle tritt jemand, der jünger und vitaler ist als Sie und/oder der Ihren Job billiger erledigt.

Das erforderliche Abhängigkeitsverhältnis einiger anderer von Ihnen bauen Sie am besten auf, wenn Sie sich an jemanden halten, der selbst noch keine große Machtposition innehat, aber auf dem Weg dorthin ist oder wenn jemand eine hohe Position kaum erst besetzt hat und in der Bewältigung seiner Aufgaben noch nicht stark genug ist. Solche Personen sind auf die Unterstützung von jemandem angewiesen, der sich im Metier bestens auskennt. Bieten Sie dieser Person Ihr Wissen und Ihre Erfahrungen an, machen Sie sich zu ihrer »rechten Hand«. Aber wie gesagt: Geben Sie immer nur soviel preis, dass Ihre Entlassung auch seinen Posten kosten würde oder es zumindest zu sehr großen Schwierigkeiten käme. Sie sind dadurch natürlich stark von dieser Person abhängig, haben aber andererseits auch sehr viele Freiheiten.

Verfallen Sie aber nicht dem Glauben, dass die Person, für die Sie unentbehrlich geworden sind, deshalb auch ein besonders inniges Verhältnis zu Ihnen hat. Es ist eher genau das Gegenteil der Fall. Weil Sie für sie so unersetzlich sind, wird sie vielleicht nicht viel für Sie übrig haben und Sie mitunter sogar fürchten. Schließlich sind Sie für diese Person auch gefährlich, da sein Wohlergehen so sehr von Ihnen abhängt. Stören sollte Sie das allerdings wenig, da es wesentlich besser ist, etwas gefürchtet zu werden, als von einer Freundschaft abhängig zu sein.

Wichtige Voraussetzungen für Erfolg

> Die meisten von uns haben keine ausreichende Vorstellung von den uns innewohnenden Kräften und Fähigkeiten. Im Innern unterschätzen wir uns. Wir glauben nicht wirklich an uns selbst, und aus diesem Grunde bleiben wir schwach, erfolglos, ja unfähig, wo wir doch stark, fähig und erfolgreich sein könnten.
>
> *Norman Vincent Peale*

Obwohl Erfolg auf ganz bestimmte Gesetzmäßigkeiten und Prinzipien beruht und quasi ein Wissenszweig ähnlich wie Mathematik, Medizin oder irgendeine andere Wissenschaft ist, werden Erfolgmethoden an keiner Schule oder Universität auf der ganzen Welt gelehrt. Die bewährten Erfolgsmethoden, mit denen jeder Mensch erfolgreich und sehr wohlhabend werden kann, sind nur in Büchern niedergeschrieben und werden in den letzten Jahren auch von einigen wenigen Privatlehrern in ihren Seminaren unterrichtet.

Die Gesetze, die Erfolg und Reichtum zugrunde liegen, wurden erst gegen Ende des neunzehnten Jahrhunderts intensiv erforscht, obwohl sie, wie die Naturgesetze, schon seit eh und je wirken. Dies hängt ganz offensichtlich damit zusammen, dass es noch nie zuvor so viele Millionäre gab, die obendrein zum größten Teil aus den Reihen der Armen hervorgegangen sind. Erst die einsetzende Industrialisierung ermöglichte es einzelnen, besonders befähigten Menschen, sehr große und erfolgreiche Unternehmen aufzubauen und so zu großem Reichtum zu gelangen. Das Grundgesetz für Erfolg und Reichtum wurde aber schon in der Bibel genannt, nur nicht so direkt. Dort ist es umschrieben mit den Worten vom Säen und Ernten und dem Geben und Nehmen. In den Naturwissenschaften werden dafür die Begriffe von Aktion und Reaktion verwendet, in der Wirtschaftswissenschaft gibt es das Gesetz von Angebot und Nachfrage und der große Philosoph Ralph Waldo Emerson nennt es das Gesetz der Kompensation.

Dieses »Gesetz der Gesetze«, wie es Emerson auch bezeichnete, bringt zum Ausdruck, dass es auf der Welt nichts für nichts gibt. Jede Wirkung hat eine Ursache oder anders ausgedrückt: Alles musste verursacht werden. Sprich: Wer etwas ernten will, muss zuerst etwas säen – und zwar das, was er später einmal ernten will. Wer Getreide ernten will, der muss auch Getreide aussäen und nicht Kartoffeln.

Genau das müssen die meisten Menschen noch lernen. Sie denken, dass sie etwas bekommen können, ohne selbst etwas gegeben zu haben. Das funktioniert aber auf lange Sicht weder in der Natur noch in der menschlichen Gesellschaft.

Den meisten Menschen bleibt im Leben der richtig große Erfolg versagt, weil sie sich ausschließlich auf die Verbesserung ihrer fachlichen Qualitäten beschränken. Die berufliche Weiterbildung ist aber nur *ein* Faktor für mehr Erfolg und führt nur in seltenen Fällen zum durchschlagenden Erfolg. Es gilt daher, sich nicht nur auf die berufliche Qualifikation zu beschränken, sondern mehrere Erfolgsmethoden anzuwenden. Ohne das bewusste oder unbewusste Anwenden von Erfolgsmethoden wird niemand im Leben richtig große Erfolge feiern. Es ist dabei egal, ob es um die Erlangung von Reichtum geht oder irgendwelche anderen Lebensziele. Worauf es ankommt, sind folgende zwei Grundsätze: Sie müssen wissen, wie es funktioniert und dieses Wissen dann auch anwenden. Das hört sich simpel an und ist es auch. Doch obwohl es so einfach ist (oder gerade deshalb?!), halten sich die meisten Menschen nicht daran. Kaum einer macht sich jeden Tag Gedanken, wie er in Zukunft erfolgreicher werden kann. Und von den wenigen, die darüber nachdenken, setzt dann wiederum nur ein Bruchteil diese Gedanken auch in die Tat um. Es ist daher außerordentlich wichtig, die wirksamen Erfolgsmethoden zu erlernen, die man benötigt, um erfolgreich zu werden und nach diesen dann auch konsequent zu handeln.

> Um handeln zu können, müssen Sie etwas bezwecken,
> ein Ziel vor Augen haben. Wenn Sie wollen,
> dass selbst ihre alltäglichsten Handlungen zum Erfolg
> führen, müssen Sie dieses Ziel inbrünstig begehren.
>
> *Napoleon Hill*

Wer im Leben erfolgreich sein will, braucht ein genaues geistiges Bild von seinem großen Ziel. Dies gilt im Sport, bei der Partnersuche, im Beruf, für das Reichwerden, kurz, für alle Lebensbereiche.

Spricht man mit den Menschen, dann ist von fast allen zu hören, dass sie gern wohlhabend oder sogar Millionär sein möchten. Es ist dabei besonders auf das Wörtchen *sein* Wert zu legen. Fast alle Befragten möchten nämlich etwas *sein*, aber nur die Wenigsten möchten etwas *werden*. Der Weg des »Werdens« scheint den Leuten zu lang und mit zu vielen Hürden und Fallen gespickt. Deshalb wählen sie lieber die leichtere Variante und verdienen ihr Geld in einem Arbeitnehmerverhältnis.

Möchten Sie nicht auf diese »Schiene« abrutschen oder sich von dieser emporheben, dann ist es sehr hilfreich, sich in gewissen Zeitabständen die Gründe, weshalb man unbedingt reich sein möchte, ins Gedächtnis zu rufen. Dies gelingt am besten, indem man sich eine Wunschliste anlegt oder ein bebildertes »Traumalbum«. Schreiben Sie in diese Liste bzw. in dieses Album alle Gründe, weshalb es notwendig ist, dass Sie sehr, sehr wohlhabend sind. Also beispielsweise, weil Sie gern in einem eigenen, großen Haus wohnen möchten, weil Sie gern zwei oder mehr Kinder hätten und diesen eine gute Kindheit und Ausbildung bieten möchten (incl. Zeit für die Kinder), weil Sie nicht Ihr ganzes Leben lang irgendwo als Angestellter arbeiten möchten, weil Sie nicht möchten, dass Ihre Frau in einem Job mit zum Lebensunterhalt der Familie beitragen muss, weil Sie Ihren Eltern dann einen angenehmen und finanziell abgesicherten Lebensabend bieten könnten (und Ihrer Familie ebenfalls), weil Sie gern größere Beträge an bestimmte Einrichtungen, Hilfsorganisationen und/oder Bildungseinrichtungen spenden möchten, weil Sie sich dann endlich nur noch Ihrem Hobby widmen könnten, weil Sie dann viel mehr für Ihre Gesundheit tun könnten, usw.

Denken Sie sich reich

> Ihr Geist wird Ihnen genau das zurückgeben,
> was Sie ihm eingeben. Wenn Sie Ihrem Geiste
> über eine längere Zeit Misserfolg eingeben,
> wird er Ihnen Misserfolg zurückgeben.
> Wenn Sie aber Ihrem Geiste über lange Zeit
> starken Glauben eingeben, wird er entsprechende
> Ergebnisse zurückgeben.
>
> *Norman Vincent Peale*

Reich werden fängt im Kopf an. Wie fast alles in unserem Leben fängt auch Reichtum in unserem Kopf an. Aus der Erfolgsliteratur ist bekannt, dass alles was Sie jetzt sind, Ihre Gedanken aus Ihnen gemacht haben. Und was Sie heute denken, werden Ihre Gedanken morgen aus Ihnen machen. Entscheiden Sie sich daher zum positiven Denken und Sie werden erleben, wie Menschen und Ereignisse, die so lange gegen Sie gearbeitet haben auf einmal für Sie arbeiten oder aus Ihrem Leben verschwinden. Sie werden neue Menschen kennen lernen und es werden sich Ihnen neue Gelegenheiten bieten, die Ihren Erfolg möglich machen.

Verabschieden Sie sich vom Gedanken, dass Reichtum etwas Schlechtes ist. Das Gegenteil ist der Fall: Reich und glücklich zu sein, ist sogar Ihr gutes Recht. Jeder Mensch hat das Recht auf ein glückliches Leben in Wohlstand. Armut ist keine Tugend, sondern lässt Menschen kriminell werden, macht aus ihnen Trinker, treibt sie zur Prostitution, zerrüttet ihre Psyche. Viele Ärzte sind der Meinung, dass sie *wesentlich* weniger Patienten hätten, wenn die Menschen keine finanziellen Probleme hätten, die für seelischen Stress sorgen, der wiederum auf einzelne Organe negative Auswirkungen hat und im Laufe der Zeit so die Gesundheit zermürbt. Ein (makabrer) Witz unter Medizinern ist deshalb folgender: Wenn die Leute keine Sorgen hätten, würden neunzig Prozent von uns arbeitslos sein.

Des Weiteren ist eine gewisse Menge Geld auch notwendig, um seine Kreativität zu entfalten, kulturellen Interessen nachzugehen, sich mit Gleichgesinnten in geselliger Runde zu treffen, sich weiterzubilden, u. Ä. Reich sein hat also einen sehr großen Einfluss auf die körperliche und geistige Gesundheit und auf das Vorwärtskommen.

Vergleicht man die Einstellungen reicher Menschen gegenüber Geld, stellt man fest, dass alle eine bejahende Denkweise haben. Die meisten Durchschnittsmenschen dagegen sind der Meinung, dass sehr viel Geld zu besitzen, nicht in Ordnung ist. Sie geben Aussagen von sich, wie: »Geld spielt für mich keine Rolle«, »Ich pfeife auf Geld«, »Reiche Leute sind alle Betrüger«, »Ich bin nicht gut genug, um viel Geld zu verdienen« oder »Ich will gar kein Millionär sein«. Sie machen also abwertende Äußerungen über Geld, bringen aber ein paar Sätze später zum Ausdruck, wie hart sie für Geld arbeiten, um es zu bekommen. Dieses widersprüchliche Denken erzeugt im Unterbewusstsein aber auch gegensätzliche Zielvorstellungen und Resultate, die ihre Bemühungen zunichte machen.

Fast alle Menschen könnten mehr verdienen, wenn sie eine positive Einstellung zum Geld hätten. Da sie das Geld aber missachten, bauen sie in ihrem Innern eine abstoßende Haltung gegenüber Geld auf. Durch ihre Denkweise blocken sie damit einen Geldzufluss ab.

Ein Spruch unter Erfolgstrainern sagt: »Was wir denken, dass werden wir«. Wer sein Denken auf Misserfolge, Schulden und Mangel konzentriert, weil er dies in seinen Gedanken immer wieder wach ruft, wird auch in Zukunft Misserfolge und Mangel erleben und Schulden schaffen. Unser persönlicher Glaube ist unsere einzige Beschränkung.

Gehören Sie auch zu denen, die sich über den Erhalt von Rechnungen ärgern? Diese Denkweise sollten Sie ändern, wenn Sie wohlhabend werden wollen. Betrachten Sie Rechnungen ab sofort als Vertrauen und Anerkennung des jeweiligen Gläubigers in Ihre Zahlungsfähigkeit. Er hat Ihnen ein Produkt oder eine Dienstleistung verkauft, weil er annahm, dass Sie wohlhabend genug sind, seine Rechnung zu bezahlen. Sehen Sie in Zukunft Ihre Rechnungen unter diesen neuen Gesichtspunkten, werden Ihnen auch Rechnungen einen kleinen Motivationsschub geben. Des Weiteren können Sie Rechnungen dazu motivieren, den Rechnungsbetrag wieder zusätzlich zu den normalen Einkünften verdienen zu wollen, Sie also zur Steigerung Ihrer Leistungen anspornen.

Eine ähnliche Wirkung hat Ihre Einstellung zum Geld, wenn Sie für Ihr Geld etwas kaufen möchten. Sind Sie positiv gestimmt und stehen dem Geld bejahend gegenüber, werden Sie mit Ihrem Geld viel mehr kaufen und bessere Geschäfte abschließen als wenn Sie in Ihren Gedanken das Geld verdammen und negativ gestimmt sind. Probieren Sie dies bei Ihren nächsten (kleinen und großen) Shopping-Touren einmal aus.

Wenn Sie es bisher noch nicht getan haben, dann würdigen Sie Geld ab sofort, und zwar Ihres und auch das Geld anderer Leute. Spötteleien und Negativaussagen über Geld, reiche Leute und finanzielle Angelegenheiten sollten spätestens ab heute Ihrer Vergangenheit angehören. Ebenso tabu sind Gespräche, in denen es darum geht, wie arm und finanziell unintelligent andere Menschen sind. Unterlassen Sie es, über die finanziellen Schwierigkeiten anderer zu triumphieren und sich selbst als sehr wohlhabend darzustellen. Sie rufen damit nach dem Gesetz von Aktion und Reaktion in Ihrem Unterbewusstsein selbige Schwierigkeiten für sich selbst hervor.

Mit einer würdigenden und anerkennenden Einstellung gegenüber dem Geld machen Sie das Geld zu Ihrem Diener anstatt sich zum Sklaven des Geldes.

Im Umgang mit Geld ebenfalls sehr wichtig: Betrachten Sie Geld nicht als todernstes Anliegen in Ihrem Leben. Erlauben Sie sich auch, Freude an Ihrem Geld und mit Ihrem Geld zu haben.

Eine sehr gute Übung, Ihr Denkmuster in Sachen Geld positiv zu verändern, ist folgende: Legen Sie ab sofort, wenn Sie etwas Negatives über Geld oder Reichtum sagen oder denken, ein bestimmtes Geldstück oder auch einen Geldschein in ein extra dafür bestimmtes Behältnis. Am Monatsende geben Sie dieses Geld dann für irgendein Vergnügen aus. Quasi als Strafe und Vergnügen zugleich.

Die Steinzeit-Axt, das Rad, die Dampfmaschine, das Schiff, das Flugzeug, der Bleistift, der Computer, alle materiellen Dinge, die die Menschen geschaffen haben, existierten zuerst in ihrem Kopf.

Albert Einstein wurde einmal gefragt, wie er es schaffte, so etwas Kompliziertes wie die Relativitätstheorie zu entdecken. Er antwortete: »Indem ich in all den Jahren an nichts anderes gedacht habe«.

Das Bewusstsein stellt das Bindeglied zwischen der unsichtbaren Gedankenwelt und der sichtbaren Welt dar. Worauf wir unsere Gedanken, Empfindungen und Worte beständig ausrichten, dass wird das Geschehen in unserem Leben bestimmen. Wenden Sie diese Erkenntnis an und Ihr Leben wird ab sofort leichter und befriedigender werden. Sie werden nicht länger irgendwo als Bittsteller auftreten, sondern mit einem Gefühl von Zuversicht und Siegessicherheit an die Arbeit gehen.

Sehr kurz und treffend wurde die Macht des positiven Denkens in der Bibel genannt, wo es heißt: »Alle Dinge sind möglich, dem der da glaubt« (Markus 9, 32).

Nutzen Sie die Macht der positiven Gedanken, um erfolgreich und finanziell unabhängig zu werden. Es ist dabei unwichtig, was finanzielle Freiheit für Sie bedeutet. Für den einen bedeutet finanzielle Unabhängigkeit ein gut bezahltes Angestelltenverhältnis, dass es ihm ermöglicht, alle seine monatlichen finanziellen Verpflichtungen zu erfüllen, sodass er nach seinem Empfinden frei von Geldsorgen ist. Für einen anderen verknüpfen sich mit finanzieller Freiheit Vorstellungen vom Millionär sein.

Zeichnen Sie sich daher in Gedanken Ihr persönliches Bild von finanzieller Freiheit.

Beschäftigen Sie sich ab sofort nur noch mit Dingen, die Sie Ihrem Ziel näher bringen. Lösen Sie sich von Beziehungen mit negativ eingestellten Menschen, die Sie seelisch nur nach unten ziehen und Sie nur von Ihren großen Zielen abbringen. Überprüfen Sie auch, mit wem Sie Ihre Freizeit verbringen. Trennen Sie sich rigoros von allen Menschen, die negativ gesonnen sind und die auf Ihre hohen Ziele kontraproduktiv wirken. Es werden sich dadurch neue Beziehungen ergeben, die Ihnen auf dem Weg in Ihre finanzielle Unabhängigkeit hilfreich sind. Ähnlich einer Diät, die auf lange Zeit nur erfolgreich ist, wenn eine komplexe Umstellung der Lebensweise geschieht, ist auch für die dauerhafte Erlangung der finanziellen Freiheit eine Änderung des Lebensstils und Selbstdisziplin erforderlich.

Eine gewisse Zeit lang müssen Sie sich dadurch vielleicht etwas abkapseln, aber nach ein paar Jahren, wenn Sie die gewünschte Einkommensstufe erreicht haben, können Sie sich Ihren neuen gesellschaftlichen Kontakten widmen.

> Man wird mit Erstaunen feststellen, was man alles hat, sobald man aufhört, darüber nachzudenken, was man alles nicht hat.
>
> *Norman Vincent Peale*

Wollen Sie eines Tages finanziell unabhängig sein, dann ist es notwendig, dass Sie alle negativen Gedanken aufgeben. Sicherlich haben Sie in Gesprächen unter »Ottonormalverbrauchern« schon festgestellt, dass diese dutzende Gründe parat haben, warum sie bisher nicht erfolgreich waren. Sie waren zu jung, zu alt, hatten kein Startkapital, die Zeit war gerade ungünstig, sie waren der Meinung, dass sie so etwas Großes sowieso nicht schaffen, hatten nicht genug Wissen, mussten erst noch etwas anderes erledigen, die Konkurrenz war viel zu groß, usw. Liest man dann allerdings die Lebensläufe der Self-Made-Millionäre, dann stellt man fest, dass fast alle von ihnen zu Beginn ihrer Selbstständigkeit vor den gleichen Problemen standen oder sogar noch unter wesentlich schwierigeren Verhältnissen begonnen hatten.

Eine bewährte Methode, sich von den Gedanken der Mittellosigkeit zu befreien, ist folgende: Malen Sie sich in Ihrem Geist aus, wie Sie gern leben würden und was Sie gern hätten. Legen Sie sich am besten ein »Traumalbum« an, in das Sie Fotos und Bilder von Ihren Träumen einkleben. Immer, wenn Sie in Zeitungen, Zeitschriften oder Prospekten ein Bild sehen, dass zu Ihren Träumen passt, schneiden Sie es aus und vervollständigen Sie damit Ihr ganz persönliches Traumalbum. Sie können dieses Album sogar entsprechend Ihren unterschiedlichen Traumzielen aufgliedern, zum Beispiel nach den Sparten Haus, Auto, Reisen, Hobbies, Freizeitgestaltung, Geldspenden (an welche Einrichtungen und wofür). Sehen Sie sich Ihr Traumalbum dann in gewissen Zeitabständen immer und immer wieder an, sodass Sie sich in Ihrem Unterbewusstsein ein Bild von finanzieller Freiheit aufbaut.

Indem Sie Ihre Wünsche zu Papier bringen, gewinnen diese in Ihrem Bewusstsein an mehr Klarheit. Schreiben Sie aber nicht nur auf, dass Sie gern besser leben und mehr Geld verdienen möchten. Unser Bewusstsein kann nur dann ganz bestimmte Ergebnisse hervorbringen, wenn es konkrete Vorstellungen erhalten hat. Die meisten Menschen scheuen sich gerade vor diesen bestimmten Entscheidungen. Sie möchten zwar besser leben und mehr Geld verdienen, treffen aber keine genauen Festlegungen, *wie* sie besser leben möchten und *wie viel* Geld sie benötigen. So, wie jedes Bauwerk, jede Maschine und jeder Produktionsprozess einen Plan braucht, nachdem die Realisierung erfolgt, so ist auch Reichtum ein Ergebnis, dass einen konstruktiven Plan benötigt, nachdem gehandelt wird. Schreiben Sie Ihre Wünsche daher stets so genau wie möglich nieder. Geben Sie für das Erreichen Ihres großen Ziels und für jedes Teilziel immer ein genaues Datum an und für jede geplante Erhöhung Ihres Einkommens immer einen bestimmten Geldbetrag.

Überlegen Sie sich, welche Einkommenshöhe Sie für die Erreichung Ihrer Ziele benötigen. Malen Sie sich in Ihren Gedanken dann ein Bild aus, wie Sie leben werden, wenn Sie dieses Einkommen erreicht haben. Je detailgenauer Sie sich dieses Bild vor Ihrem geistigen Auge ausmalen, desto besser.

Wichtig dabei: Gehen Sie von Ihren eigenen Wünschen aus, nicht von dem, was andere für gut und richtig erachten oder von dem, was Ihre Pflicht zu sein scheint. Wirklich glücklich werden Sie nämlich nur von dem, was Sie selbst wollen. Bei allem anderen wird Ihnen »im Hinterkopf« immer ein kleines »Muss« herumspuken. Und wir wissen ja: Alles, was mit »Muss« zu tun hat, wirkt auf unser Handeln mehr oder weniger stark bremsend.

Machen Sie sich einen zeitlichen Plan, wann Sie welches Teilziel erreicht haben möchten und wann die vollständige finanzielle Freiheit. Achten Sie aber darauf, diesen Plan realistisch zu gestalten, damit Sie sich nicht unter Druck setzen und Ihre Wünsche gewaltsam erreichen wollen. So ein Vorgehen erzeugt nur sehr emotionsgeladene Gemütszustände, die von Hetze und Angst begleitet werden und die entmutigend wirken.

Nehmen Sie sich Ihre Liste wenigstens einmal wöchentlich vor und erweitern und präzisieren Sie diese.

Des Weiteren ist Ihre Wunschliste bzw. Ihr Traumalbum eine sehr gute Motivationshilfe, wenn Sie einmal einen Fehlschlag erleiden, entmutigt wurden oder Ihnen Zweifel kommen. Lesen Sie dann etwas in Ihrem Notizbuch bzw. blättern Sie Ihr Traumalbum durch. Dies können Sie in Ihrem Büro tun, aber auch in der U-Bahn oder in einer Pause in der Kantine. Schließlich weiß niemand, was Sie lesen. Sie bekommen so rasch wieder neuen Mut, verfallen nicht in ein Zaudern und widmen sich anschließend, frisch motiviert, wieder Ihrer Wunscherfüllung.

Folgendes ist in Sachen Wunscherfüllung und Denkmuster noch sehr wichtig: Unser Denken geschieht in Bildern, wenngleich wir dies meist nicht so wahrnehmen. Denken Sie viel an Geldsorgen und Misserfolge und sprechen auch darüber, wird Ihr Unterbewusstsein mit entsprechenden Bildern »gefüttert«. Dies hat zur Wirkung, dass es Ihnen auch weiterhin finanziell schlecht gehen wird und Sie erfolglos bleiben werden, da Ihr Geist nur Ergebnisse nach Ihren Vorstellungen produzieren kann. Denken und sprechen Sie daher ab sofort nur noch über Fülle und Erfolg und Sie haben beides bald. In diesem Zusammenhang unbedingt beachten: Halten Sie Ihre Wunschvorstellungen stets selbstlos. Möchten Sie in Ihren bildlichen Vorstellungen etwas in Ihren Besitz bringen, dass Ihnen nicht gehört, werden Sie nie eine vollständige Befriedigung erlangen. Stellen Sie sich lieber vor, dass etwas Ähnliches auf dem Weg zu Ihnen ist.

Reden Sie mit anderen nur sehr wenig über Ihre eigenen Pläne. Sie verhindern so, dass Ihre Gedanken von der großen Masse der Kleindenker und Pessimisten zerredet werden und Sie so schrittweise von Ihrem großen Ziel abweichen und schließlich irgendwann ganz davon abkommen. Kümmern Sie sich nicht darum, was die Leute zu Ihrem Streben sagen, sondern verfolgen Sie ruhig und ausdauernd Ihr Wunschbild von der finanziellen Unabhängigkeit.

Für die Ausübung einer bestimmten Tätigkeit, eines bestimmten Berufes sind selbstverständlich auch die Wesensmerkmale eines Menschen von Bedeutung.

Die besten Erfolgsaussichten, Aufstiegschancen und Verdienstmöglichkeiten ergeben sich dann, wenn jeder Mensch entsprechend seinen Begabungen den Job ausübt und seine Fähigkeiten ständig vervollkommnet. Viele Menschen finden allerdings keinen entsprechenden Arbeitsplatz oder wollen deshalb nicht in weit entfernte Orte umziehen. Sie müssen deswegen aber nicht ihr Leben lang in einem Job tätig bleiben, den sie nicht besonders mögen. Es verhält sich in diesem Fall ebenso, wie mit der Angst der Meisten vor finanziellen Verlusten. Solange die Dinge glatt laufen, möchten sie gerne selbstständig sein, treten jedoch Schwierigkeiten auf oder die Wirtschaft befindet sich in der Rezession, dann kehren sie wieder in das sichere Angestelltenverhältnis zurück. Vor einem Wechsel in die berufliche Selbstständigkeit sollte sich daher jeder zuerst das notwendige Wissen aneignen, dass für den Wechsel vom Angestelltenverhältnis in die Selbstständigkeit notwendig ist. Für diesen Wechsel ist neben dem erforderlichen Wissen aber auch die Veränderung im eigenen Wesen und der Denkweise nötig. Und diese Veränderung ist meist so gewaltig, dass viele davor zurückschrecken und lieber Arbeitnehmer bleiben bzw. nach kurzer Zeit der Selbstständigkeit wieder werden.

> Das Denken ist die mächtigste Kraft im Universum. Es bestimmt über Ihr Leben, das Unterbewusstsein tut seine Arbeit gemäß den Anweisungen, die Sie ihm mit Ihrem bewussten Verstand, also durch Ihre Gedanken geben.
>
> *Dr. Joseph Murphy*

Alles, was von den Menschen geschaffen wurde, hat zunächst als Idee in den Gedanken gelebt. Ohne ein genaues gedankliches Bild kann nichts konstruiert, gebaut und erschaffen werden.

Das Denken funktioniert nach bestimmten allgemein gültigen Prinzipien. Ebenso, wie in der Natur Naturgesetze wirken, in der Physik physikalische Gesetzmäßigkeiten und in der Chemie chemische Gesetze, laufen Gedankenprozesse auch nach ganz bestimmten Gesetzen ab. Wer diese Gesetzmäßigkeiten kennt, kann diese bewusst zu seinem Vorteil anwenden. Wer sie nicht kennt, der wird im Leben oft vom Massendenken beherrscht. Und da das Denken der breiten Masse von negativen Gedanken geprägt ist, stellen sich auch im eigenen Leben früher oder später allerlei Schwierigkeiten und Missgeschicke ein.

Sollten Sie noch nicht zu den wenigen Positivdenkern gehören, dann beschließen Sie jetzt, Ihr Denkmuster entsprechend zu ändern. Es ist dabei unbedeutend, was Sie in der Vergangenheit alles erlitten haben. Entscheidend ist allein, wie Sie *heute* darüber denken. Erinnern Sie sich nämlich an vergangene Fehler und Missgeschicke, dann durchleiden Sie diese erneut und machen sich wieder neue Vorwürfe, was Ihr Selbstbewusstsein und Ihren Enthusiasmus nach unten zieht. Lassen Sie daher frühere Fehler und Missgeschicke in der Vergangenheit ruhen und erinnern Sie sich nur noch an angenehme Dinge, die Ihnen Freude gemacht haben. Sie erleben dann die Freude und/oder das Erfolgsgefühl in der Gegenwart noch einmal, was Ihrem Selbstwertgefühl gut tut und oft für einen kreativen Kick sorgt.

> Sie bekommen im Leben nicht, was Sie wollen, sondern das, worauf Sie sich laufend konzentrieren.
>
> *Dr. Joseph Murphy*

Wenn Sie glauben, dass Sie gegen die äußeren Lebensumstände ankämpfen müssen, werden sich Ihre Sorgen nur noch vergrößern. Die Ursachen sind immer bei Ihnen selbst zu suchen. Ihr Unterbewusstsein nimmt alles für wahr, was Sie ihm bewusst »eingeben«. Konzentrieren Sie Ihre Gedanken auf Mangel, Unglück und Erfolglosigkeit, wird Ihr Unterbewusstsein alles daran setzen, genau dies zu verwirklichen. Hier liegt wieder das Gesetz von Ursache und Wirkung bzw. vom Säen und Ernten zugrunde. Wenn Sie in Ihr Unterbewusstsein negative Gedanken aussäen, werden Sie auch nur negative Resultate erzielen. Das Gute an diesem Prozess ist, dass sich negative Gedanken durch positive ersetzen lassen und zwar jederzeit. Niemand muss also auf bessere Umstände warten, ist für eine Änderung noch zu jung oder schon zu alt, usw. Ein Neubeginn ist in *jedem* Fall immer *sofort* möglich. William James, der Vater der amerikanischen Psychologie, sagte dazu: »Die größte Entdeckung meiner Generation ist es, dass der Mensch sein Leben ändern kann, indem er seine Geisteshaltung ändert.« Der amerikanische Philosoph Ralph Waldo Emerson schrieb: »Ein Mensch ist, was er den ganzen Tag lang denkt.« Und schon der römische Philosoph Marc Aurel schrieb: »Unser Leben ist das, wozu unsere Gedanken es machen.« Aus diesen Erkenntnissen geht hervor, dass es uns nur gelingen wird, unsere Lebensumstände zu verändern, wenn wir unser Denken ändern. Die Mehrzahl der Menschen versucht es aber genau umgedreht: Sie wollen Ihre äußeren Lebensumstände verändern, indem sie unmittelbar auf diese einwirken. Eine wirksame und dauerhafte Veränderung ist jedoch nur zu erreichen, wenn bei der Ursache eines Übels angepackt wird. In der Technik und Medizin ist dies gang und gäbe, nur beim Denken wenden es die wenigsten Menschen an. Das liegt allerdings auch daran, dass analytisches Vorgehen bei der Lösung von Aufgaben an den Schulen und Universitäten gelehrt wird, positives Denken und die Gesetze des Geistes aber nicht.

Wichtige Erfolgsprinzipien

Das wichtigste Erfolgsprinzip lautet: *Geben Sie den Menschen mehr von dem, was sie wollen und weniger von dem, was sie nicht wollen.* Wenn man diesen Satz hört oder liest, wird einem auch sofort klar, warum es so wenig Supererfolgreiche gibt: Weil nach diesem Grundsatz nämlich nur sehr wenig Menschen handeln. Die meisten denken fortwährend lediglich daran, was sie alles von den anderen haben wollen und wie sie es von den anderen bekommen können. Der Clou ist jedoch: Je mehr Sie den anderen geben, was diese wollen, desto mehr werden Sie erhalten, was Sie sich wünschen. Hier kommt wieder das Gesetz der Kompensation zum tragen. Niemand wird Ihnen geben, was Sie gern hätten, ohne dafür einen Ausgleich zu erhalten. Wollen Sie also von anderen Menschen etwas haben, dann müssen Sie ihnen zuerst geben, was diese gern hätten. Die erfolgreichsten Unternehmen steigern das Ganze sogar noch, indem sie versuchen, herauszufinden, was die Menschen oder eine bestimmte Zielgruppe in Zukunft haben wollen werden, noch ehe es die Menschen selbst wissen. Mit dieser Verfahrensweise wird das richtig große Geld gemacht, da die Entwicklung und Vorbereitung der Produktion des in naher Zukunft Gewünschten schon vor dem Bekanntwerden des Bedürfnisses erfolgen. Genau aus diesem Grund beschäftigen alle großen Konzerne auch einen

Stab von Entwicklern und Trendforschern. Neuentwicklungen werden nicht zufälligen Entdeckungen überlassen, sondern es wird gezielt geforscht und untersucht.

Man braucht keine tief greifenden psychologischen Kenntnisse, um herauszubekommen, was die Menschen wollen und was lieber nicht. Sicherlich hat jeder Mensch auch unterschiedliche Wünsche und Sehnsüchte, aber viele sind bei allen Menschen gleichermaßen vorhanden. Sie können bereits sehr erfolgreich werden, wenn Sie auf diese wenigen Bedürfnisse eingehen. So hat jeder Mensch den Wunsch, bedeutend zu sein und ist hungrig nach Anerkennung. Jeder möchte etwas sein, etwas darstellen und für seine Taten und Leistungen gelobt werden. Genau aus diesen tiefen Beweggründen wollen Sportler im Wettkampf den ersten Platz erringen, streben Verkäufer im Verkaufswettbewerb nach Umsatzrekorden, kleiden sich manche Leute extravagant, unternehmen Taucher Tieftauchrekorde, wagen Menschen (speziell Jugendliche) riskante Unternehmungen, usw. Ein weiterer sehnlicher Wunsch eines jeden Menschen ist der nach Bewunderung. Sind Sie mit einem Menschen zusammen, dann bewundern Sie daher etwas an ihm oder aus seinem Besitz (seine Kleidung, ein Möbelstück, sein Auto, eine vollbrachte Leistung oder eine Charaktereigenschaft). Das Gefühl, gebraucht zu werden, ist ebenfalls einem jeden Menschen innewohnender Wunsch. Menschen, die das Gefühl haben, nicht mehr gebraucht zu werden, verlieren oft ihre Lebensfreude, bekommen Depressionen, neigen zur Interessenlosigkeit, verfallen nicht selten dem Alkohol oder härteren Drogen. Dies ist ein großes Problem von Langzeitarbeitslosen und älteren Menschen.

Befriedigen Sie diese menschlichen Bedürfnisse, wann immer Sie Gelegenheit dazu haben und Ihre Beliebtheit und Ihr Einfluss werden in ungeahntem Maße steigen – und damit natürlich auch Ihr persönlicher (finanzieller) Erfolg.

> Der Durchschnittsmensch hätte schon nach dem ersten Misserfolg aufgegeben. Genau das ist aber der Grund, warum es so viele Durchschnittsmenschen,
> aber nur einen Edison gegeben hat.
>
> *Napoleon Hill*

Ein weiteres wichtiges Gesetz für Erfolg ist *Beharrlichkeit*. Allen großen Erfolgen liegt Zielstrebigkeit zugrunde. Die meisten Menschen geben sich zu leicht geschlagen, wenn etwas nicht gleich auf Anhieb funktioniert oder sie einen Rückschlag erleiden. Erfolgreiche Menschen dagegen gehen mit großer Beharrlichkeit an die Verwirklichung ihrer Ziele, lassen sich auch von zwischenzeitlichen Rückschlägen nicht davon abbringen, sondern machen weiter, bis die gewünschten Ergebnisse erzielt sind. Ihnen ist bewusst, dass, wenn sie auf halber Strecke oder sogar kurz vor dem Ziel aufgeben, alle bisherigen Mühen und Entbehrungen umsonst gewesen sind und dann erst die eigentliche Niederlage anfängt. Schon ein uraltes Sprichwort sagt deshalb auch: »Erst, wenn man glaubt, verloren zu haben, fängt die wirkliche Niederlage an«.

Bleiben Sie daher entschlossen bei Ihrem Glauben an die Verwirklichung Ihrer Ziele, wenn Sie einen Misserfolg erleiden. Die Meisten neigen dazu, nach einer herben Niederlage das »Handtuch« zu werfen und geben sich geschlagen. Erfolgreiche Menschen greifen in solchen Fällen immer zu ihrer Liste mit den niedergeschriebenen Zielen, lesen diese durch, passen sie den neuen Verhältnissen an und ermutigen sich damit selbst, weiter zu machen. Sie lassen sich ihre Ausdauer von widrigen Umständen einfach nicht untergraben, sondern bleiben mit Verbissenheit im Rennen, sie geben einfach nie auf.

Mit dem Erfolgreichwerden ist es im Prinzip wie mit jeder Tätigkeit oder Fertigkeit, die Sie erlernen wollen. Im Kindesalter fängt es schon mit dem Laufenlernen an. Jedes Kind lernt laufen, indem es ab und zu auch auf die Nase fällt. Genauso lernt man Fahrrad fahren. Hätten Sie nach den ersten paar Fehlversuchen aufgegeben und das Fahrradfahren sein gelassen, könnten Sie es heute nicht. Auf dem Weg zum Erfolg verhält es sich ähnlich: Vorrübergehende Fehlschläge sind unvermeidlich. Alle erfolgreichen Menschen haben auf ihrem Weg zum Erfolg Fehlschläge erlitten. Aber sie haben sich dadurch nicht von ihrem Ziel abbringen lassen, sondern daraus gelernt und weiter gemacht. Es gibt ein Sprichwort, dass von den Erfolgreichen geprägt wurde. Dieses lautet: »Hinfallen ist keine Schande, aber liegen bleiben«.

Noch etwas zu Misserfolgen, von denen Sie auf dem Weg zur finanziellen Freiheit sehr viele erleben werden: Analysieren Sie Ihre Fehlschläge, um daraus wichtige Lehren für die Zukunft zu ziehen. Legen Sie sie dann jedoch at Acta und schauen Sie nach Zwischenfällen nicht mehr zurück. Auch, wenn Sie auf Ihrem Weg von Zeit zu Zeit gebremst oder leicht abgedrängt werden, blicken Sie weiterhin in Richtung Ihres großen Ziels. Gehen Sie dann eben mit langsameren und/oder kleineren Schritten weiter, aber immer nach vorn, auf Ihr Ziel zu. Dazu habe ich einmal eine interessante Geschichte gehört: Ein Mann, der zum Berg Olymp wollte, fragte einen Wanderer, den er unterwegs traf, was er beachten muss, um dorthin zu gelangen. Der Wanderer, der übrigens Sokrates hieß, sagte zu ihm: »Achte nur darauf, dass jeder deiner Schritte, die du tust, dich in diese Richtung führt«.

Seien Sie aber auch auf die Erfüllung Ihrer Wünsche gefasst. Oft stellt sich der Erfolg ganz plötzlich ein und gleich mit ergiebigen Resultaten und dies auch noch, wenn Sie es am wenigsten erwarten. Ergreifen Sie die Gelegenheit dann nicht »beim Schopfe«, kann sich Ihre Wunscherfüllung schnell wieder in Luft auflösen und Sie müssen von vorn anfangen.

An der Behauptung, dass zahlreiche Menschen während ihrer Arbeitszeit sehr viel machen, dass nichts mit dem zu tun hat, wofür sie eigentlich bezahlt werden, ist sicherlich eine Menge Wahrheit. Durch die mit Privatangelegenheiten, »Kollegen-Talk« und anderen unwichtigen Dingen vertrödelte Arbeitszeit schaffen sie immer weniger. Die Arbeit, die sie eigentlich machen sollten, staut sich an, worauf sie unter Zeitdruck geraten und ihre Arbeit als stressig empfinden. Dies führt rückwirkend wiederum dazu, dass sie mit einer gewissen Abneigung und lustlos an ihre Arbeit gehen und als großes »Ziel« ihrer täglichen Tätigkeit nur ihren Jahresurlaub haben. Neuerungen, Verbesserungen und Gedanken an die effektivere Gestaltung ihrer Tätigkeit kommen solchen Menschen natürlich nicht in den Sinn. So bleiben sie ein Leben lang in ihrem »Laufrad« gefangen.

Erfolgsorientierte Menschen dagegen denken laufend darüber nach, welches ihre gewinnversprechendsten Aufgaben sind und widmen sich diesen möglichst umfassend. Weniger ergiebige Tätigkeiten delegieren sie teilweise oder ganz an Mitarbeiter in ihrem Unternehmen oder entledigen sich ihrer Bearbeitung von vornherein. Analysieren Sie deshalb, mit welchen zeitraubenden Tätigkeiten Sie sich pro Woche beschäftigen, die aber nur wenig oder gar nicht zur Erfüllung Ihrer langfristigen Ziele beitragen. Überprüfen Sie dann, wer diese Tätigkeiten in Ihrem Unternehmen oder außerhalb übernehmen kann und lagern Sie diese Tätigkeiten aus.

Geben Sie immer 110%. Ja, Sie haben richtig gelesen und es ist auch kein Druckfehler. Gemeint sind wirklich 110%. Die meisten von Ihnen werden nun sicherlich behaupten, dass man doch gar nicht mehr als *einhundert* Prozent geben kann. Einhundert Prozent sind doch schon *alles*. Aber genau in diesem Denken liegt der Irrtum. Denn: Woher wollen Sie so genau wissen, wann Sie alles gegeben haben? Ein sehr gutes Beispiel dafür sind Liegestütze. Machen Sie einmal so viele

Liegestütze, wie Sie schaffen. Wenn Sie dann der Meinung sind, dass Sie keinen mehr schaffen und eigentlich aufgeben wollen, dann strengen Sie sich noch einmal so richtig an, sagen Sie sich in Gedanken oder auch laut vor sich hin, dass Sie jetzt noch einen Liegestütz machen und ziehen Sie diesen Liegestütz durch, soweit Sie ihn schaffen. Das waren dann in Sachen Liegestütze Ihre 110%! Genau so verfahren Sie mit allen anderen Dingen im Leben. Immer, wenn Sie glauben, dass Sie schon alles gegeben haben, setzen Sie noch eins drauf und geben Ihre 110%.

Damit Sie 110% geben können, ist es wichtig, dass Sie sich eine 110%-Einstellung im Leben antrainieren. Finden Sie deshalb zuerst heraus, worin Ihre Stärke liegt, auf welchem Gebiet Sie besondere Begabungen haben. Eine solche Begabung hat jeder Mensch, jeder kann etwas, dass ihm besonders leicht fällt. Die Wahrscheinlichkeit, Erfolg zu haben, ist wesentlich größer, wenn man weiß, worin man wirklich gut ist, was man besser kann als die meisten anderen Menschen. Auf diesem Gebiet haben Sie von Natur aus einen Vorteil, den Sie ausbauen können und sollten. Auch, wenn es nur Schmetterling fangen ist, lässt sich das mit Sicherheit irgendwie nutzbringend anwenden. Mitunter müssten Sie dann zwar in den Urwald oder ins Ausland gehen und dort seltene Schmetterlinge fangen, die von der Wissenschaft noch wenig oder gar nicht untersucht wurden, aber generell könnten Sie auch damit erfolgreich werden.

Haben Sie Ihre persönliche Stärke gefunden, dann sollten Sie auch zu erkennen geben, auf welchem Gebiet Sie besonders gut sind und sich auf diesem Gebiet einen Job aussuchen. Wenn Sie nämlich mit Freude und Begeisterung bei der Arbeit sind, werden Sie Schwierigkeiten leichter meistern, Opfer bringen und auch da noch weiter machen, wo Ihre Konkurrenz schon lange aufgegeben hat. Ein gutes Beispiel dafür ist Edison. Er war mit Freude und Enthusiasmus bei seinen Forschungen und machte mehr als 11.000 (!) Experimente, ehe er die Glühlampe erfand. Andere Forscher hatten schon längst aufgegeben.

Wollen Sie immer 110% geben, müssen Sie neben Ihren Stärken auch Ihre Schwächen kennen. Ein wichtiges Kriterium sind dabei Ihre notwendigen Ruhepausen, speziell der Schlaf. Jeder Mensch hat hier ein anderes Bedürfnis. Wenn Sie also neun Stunden Schlaf brauchen, um am nächsten Tag wieder richtig fit zu sein, versuchen Sie nicht, mit sieben oder acht Stunden auszukommen. Das drosselt Ihre Leistungsfähigkeit nämlich ungemein. Ähnlich verhält es sich mit der Erledigung von Aufgaben. Wissen Sie, dass Sie für die Ausarbeitung eines bestimmten Projekts im Schnitt zehn Tage benötigen, dann nehmen Sie keinen Auftrag an, der in maximal einer Woche erledigt sein muss.

Wenn Sie an die Realisierung Ihrer Ziele gehen, verzichten Sie darauf, anderen die Schuld für etwas zu geben und Ausreden zu gebrauchen. Übernehmen Sie die volle Verantwortung für Ihr Leben und Ihr Handeln. *Eigenverantwortung* ist eine weitere Grundlage für Erfolg. Sagen Sie sich daher ab sofort, bei allem, was Sie tun: »Ich bin verantwortlich«. Sind Sie also mit Ihrem jetzigen Leben nicht zufrieden, dann gilt auch hier: Sie sind verantwortlich. Kein Wenn und Aber.

Die meisten Menschen übernehmen nur selten Verantwortung und wenn, dann nur für Dinge, die gut gelaufen sind. Hat etwas nicht funktioniert, dann schieben sie die Schuld einem anderen zu. Erfolgsmenschen dagegen übernehmen *immer* die volle Verantwortung.

Übernehmen Sie die Verantwortung, dann setzen Sie sich geradewegs hinter das Steuer Ihres eigenen Lebens. Diese Kontrolle hat zur Folge, dass Ihr Selbstwertgefühl und Ihr Selbstbewusstsein steigen werden.

Hat man ein Ziel vor Augen,
sollte man sich nur auf dieses konzentrieren
und sich durch nichts ablenken lassen.
Jede Unaufmerksamkeit führt dazu,
sein Ziel nicht mehr zu erkennen.

Chao-Hsiu Chen

In Zeiten der wirtschaftlichen Hochstimmung wurde von vielen Unternehmen die Expansion vorangetrieben. Neben der Eröffnung weiterer Filialen und Zweigbetriebe erfolgte dabei vor allem ein Einstieg in artfremde Branchen. In den Boom-Jahren warfen die meisten neuen Sparten auch Gewinne ab, aber mit der Annäherung an die zyklisch auftretenden Rezessionen flossen die Gewinne immer spärlicher bzw. es wurden oft sogar Verluste eingefahren. Viele Unternehmen stießen dann ihre zugekauften Betriebe wieder ab und widmeten sich verstärkt ihrem eigentlichen Kerngebiet. Bekannt geworden sind auch nicht wenige Unternehmen, die an einer derartigen Expansion Bankrott gingen. Im Erfolgstaumel verloren Sie dass Maß der Dinge und dehnten ihre Unternehmungen unverhältnismäßig aus. Sie ignorierten ihr Wissen um den Zyklus von Aufschwung und Abschwung, dachten, es geht ewig nur bergauf und schlidderten so mit Beginn des wirtschaftlichen Abschwungs in eine tiefe Krise oder gar in den Ruin. *Es gilt* daher, *all seine Kräfte auf ein Ziel zu konzentrieren und auf dieses zielstrebig hinzuarbeiten.* Hier wirkt das Gesetz der Konzentration. Daraus ergibt sich auch, dass in Unternehmen und jeder größeren Gruppe von Menschen die Macht immer in konzentrierter Form vorliegt. Jede Organisation wird von einer kleinen Gruppe von Personen gelenkt. Dieses Wissen eröffnet natürlich auch den Weg, denn Sie gehen müssen, wenn Sie aufsteigen wollen. Finden Sie heraus, wer die Fäden (wirklich) in der Hand hält, wer die Entscheidungen (tatsächlich) trifft. Konzentrieren Sie sich auf diese Person bzw. Personen und Sie werden es wesentlich leichter haben.

Für Ihre Verteidigung können Sie das Gesetz der Konzentration quasi in der Umkehrung anwenden, wenn Sie schwächer sind als Ihr Angreifer. Alle Guerilla-Kämpfer wenden dieses Prinzip an, indem sie sich verteilen und den Feind von vielen Stellen aus systematisch angreifen und schwächen.

Wollen Sie reich werden, dann müssen Sie sich in Sachen Finanzen auskennen. Die meisten Menschen glauben zum Beispiel, dass der Kauf eines Hauses, für den sie eine hohe Hypothek aufnehmen, einen Vermögenswert darstellt. Das Gegenteil ist jedoch der Fall. Über die Laufzeit der Hypothek, die ja meist sogar zwanzig oder dreißig Jahre beträgt, stellt dieser Kauf eine Verbindlichkeit dar. Von dem nebenbei Angesparten oder/und mit Hilfe von Kleinkrediten werden im Laufe der Jahre Ausgaben für neue Möbel, technische Geräte, neue Autos, Urlaub und Freizeit getätigt. Hinzu kommt meist noch ein Kind oder zwei. So bleibt an jedem Jahresende »unter dem Strich« immer nur ein winziges Guthaben bestehen oder sogar ein Negativposten, obwohl sich das Einkommen der Familie erhöht hat. Die Ausgaben sind immer ungefähr genauso groß, wie die Einnahmen, sodass nie in Vermögenswerte investiert werden kann. Die Menschen stellen sich dann jedes Jahr neu die Frage, wie sie zu noch mehr Geld kommen können, um endlich Vermögen aufzubauen. Die Antwort lautet jedoch: Nicht mehr Geld löst dieses Problem, sondern eine Veränderung der Denkweise und mehr Wissen um Vermögenswerte und Verbindlichkeiten. Je früher man sich dieses Wissen aneignet, desto besser. Ein Zeitverlust ist auch gleichzeitig ein Kapitalverlust.

Um ein Vermögen aufzubauen, sind Investitionen in Vermögenswerte notwendig. Allein die Einkünfte aus Lohn und Gehalt reichen dafür nicht aus.

Die wichtigste Änderung in der Denkweise lautet: Mehr verdienen bedeutet nicht, mehr Geld zum Ausgeben zur Verfügung zu haben, sondern Geld für Gewinn bringende Kapitalanlagen übrig zu haben.

Beschäftigen Sie sich daher ab sofort intensiv mit einer Weiterbildung in finanziellen Dingen. Achten Sie bewusst darauf, Ihre Ausgaben so gering wie möglich zu halten, um mehr Geld für den Erwerb von Vermögenswerten zur Verfügung zu haben. Im Laufe der Zeit wird Ihr Vermögen auf einen stattlichen Wert anwachsen, sodass Sie nicht mehr nur in die altbekannten und sicheren Investmentfonds investieren können, sondern auch in spekulativere Investitionen. Diese für den »Ottonormalverbraucher« riskanten Geldanlagen bringen aber die richtig dicken Gewinne. Riskant sind diese Geldanlagen für die Mehrzahl der Bevölkerung aber nur deshalb, weil ihnen das notwendige Wissen über diese Anlageformen fehlt. Diejenigen, die sich damit gut auskennen, lachen sich »ins Fäustchen« und schöpfen die großen Profite ab. Obendrein werden von den Banken und Investmentgesellschaften die richtig »dicken Geschäfte« nur den erfahrenen Anlegern angeboten. Aus diesen »risikoreichen« Anlagen sind allerdings statt der »sicheren« acht Prozent Zinsen oft Renditen von einhundert Prozent oder sogar mehreren hundert Prozent herauszuholen. Auch ein Grund, weshalb die Reichen noch reicher werden.

Je mehr Sie in Sachen Finanzen lernen, desto mehr Gelegenheiten zum Geldverdienen werden Sie auch erkennen, wenn Ihnen diese »über den Weg laufen«. Des Weiteren werden auch Geschäftsleute auf Sie zukommen und Ihnen aufgrund Ihrer finanziellen Intelligenz Möglichkeiten anbieten. Es kommt hierbei allerdings nicht auf das visuelle Entdecken dieser Möglichkeiten an, sondern auf das Entdecken mit dem Verstand. Wie so vieles im Leben muss auch diese Fähigkeit erst trainiert werden. Und wie jedes Training erfordert auch dieses Training Disziplin und Ausdauer und es wird unweigerlich Siege *und* Niederlagen geben. Dies gehört einfach zu jedem Lernprozess dazu.

Im Laufe des Lebens wird uns aber anerzogen, dass Fehler schlimm sind und oft wurden und werden wir für diese sogar bestraft. Die Tatsache ist aber: Durch Fehler lernten und lernen wir, was richtig ist und was nicht so gut bzw. überhaupt nicht funktioniert. Es geht schon im Kleinkindalter mit dem Laufenlernen los. Welche Schritte nicht funktionierten, lernten wir sehr schnell, nachdem wir ein paar Mal hingefallen waren. Beim Lernen hilft auch der Schmerz, den das Hinfallen verursacht. Wir wollen diesen Schmerz nicht noch einmal erleben und vermeiden die Dinge oder Verhaltensweisen, die zu diesem Schmerz geführt haben.

Ähnlich verhält es sich beim Reichwerden. Ist eine Investition, zum Beispiel ein Aktienkauf, fehlgeschlagen und wir haben Geld verloren, gehen wir beim nächsten Mal wesentlich zurückhaltender an eine derartige Investition oder lassen sie sogar für längere Zeit bzw. ganz sein (wenn der Verlust recht groß war). Wir bekommen Angst, wieder Geld zu verlieren. Bei den meisten Menschen wird diese Angst so groß, dass sie nur noch »auf Nummer Sicher gehen«, um den Schmerz des Verlustes zu vermeiden.

In diesem Zusammenhang wichtig und interessant zu wissen: Fast alle Reichen haben im Laufe ihres Lebens auch eine Menge Geld verloren. Sie haben Geld verdient und verloren, weiter gemacht und wieder Geld verdient, erneut Geld verloren und wieder weiter gemacht, bis sie eines Tages ein Vermögen verdient hatten. Sie haben Fehler gemacht und sind hingefallen. Der Unterschied zum Durchschnittsmenschen besteht aber darin, dass sie nicht liegen geblieben, sondern wieder aufgestanden sind, sich »den Staub« abgeklopft haben und weiter gemacht haben.

Wer reich werden will, muss lernen, seine Angst, Geld zu

verlieren, zu überwinden. Diese Angst haben, wie zuvor schon erwähnt, alle Menschen. Der Unterschied zwischen den Ottonormalverbrauchern und den Reichen besteht aber darin, dass die Reichen mit diesen Angstgefühlen anders umgehen. Allgemein gilt, dass die Erfolgreichen im Leben genauso Misserfolge erlitten haben, wie die anderen Leute. Meist haben die Erfolgreichen sogar weit mehr Fehlschläge einstecken müssen als die breite Masse. Das bekannteste Beispiel dafür ist der Erfinder Thomas Alpha Edison. Er machte mehr als 11.000 Experimente, bevor es ihm gelang, die Glühlampe zu erfinden. Dies gelang ihm nur, weil er jeden Versuch, der nicht funktionierte als einen Schritt betrachtete, der ihn näher an die Methode brachte, die funktionieren wird. Während vielleicht viele ebenso begabte Wissenschaftler schon nach ein paar hundert Versuchen aufgaben, machten Edison seine Misserfolge stärker und gescheiter. Analog verhält es sich mit dem Reichwerden. Finanziell erfolgreiche Menschen lernten aus ihren Fehlinvestitionen und machten weiter, während die anderen davonliefen und zu Verlierern wurden.

Die Erfolgreichen sehen in jeder Niederlage eine Chance und wandeln dadurch oft Verluste in Gewinne um.

Obwohl alle Industrieländer ein hoch entwickeltes Bildungssystem haben, ist das Wissen der meisten Menschen in Sachen Finanzen sehr unterentwickelt. Das liegt ganz einfach daran, dass wir in der Schule und an der Universität eine Ausbildung erhalten, die uns einen *sicheren* Arbeitsplatz ermöglichen soll. Da unsere Eltern ebenso erzogen wurden und fast alle auch im Erwachsenenalter noch nach dieser Arbeitsplatzsicherheit streben, bekommen die meisten Kinder auch zu Hause nichts anderes zu hören. Durch das Bildungssystem und unsere Eltern wird unser Denken so schon von frühester Jugend an auf Arbeitsplatzsicherheit gelenkt. Selbst, wer an einer Universität seinen Doktor gemacht hat, weiß über intelligentes Investieren und den Weg in die finanzielle Freiheit nach dem Studium meist nicht mehr als davor. So nehmen 90% der Menschen nach ihrer Berufsausbildung oder ihrem Studium einen Job an, der ihnen sicher zu sein scheint, verdienen das erste Geld, sind happy, geben das Geld für Miete, Kleidung, Möbel, Raten für ein Auto, usw. aus, heiraten und haben nach ein paar Jahren und einigen Gehaltserhöhungen kaum etwas gespart. Oft leben sie während dieser Zeit immer nur ein paar Monate vom Bankrott entfernt, sollte plötzlich einer der beiden arbeitslos werden. Den Schritt in eine Selbstständigkeit können sie sich nicht wagen, da sie jeden Monat auf das Geld von ihrem »sicheren« Arbeitsplatz angewiesen sind, um ihre Rechnungen bezahlen zu können. Diese Leute befinden sich quasi in einem Laufrad und je schneller sie darin laufen, um endlich »den Absprung« zu schaffen, desto schneller dreht sich auch das Laufrad und umso gefährlicher wird der »Absprung«. So bleibt ihnen meist nichts weiter übrig als bis zur ersehnten Pensionierung Arbeitnehmer zu bleiben.

Ein Gesetz, dass alle sehr wohlhabenden Menschen befolgt haben und befolgen, lautet: *Halten Sie Ihre Ausgaben stets geringer als Ihre Einnahmen*. Klingt einfach und logisch, wird aber trotzdem nur von sehr wenigen Leuten auf Dauer angewandt. Die Befolgung dieses Gesetzes erfordert in unserer heutigen Zeit, in der es jeder Person mit eigenem Einkommen sehr leicht gemacht wird, Waren per Kleinkredit zu erwerben, große Selbstdisziplin. Da aber auch die Einstellung zum Geldausgeben und Sparen vom eigenen Denkmuster abhängt, bewirkt die Umstellung der Denkweise wahre Wunder. Von Natur aus verbinden fast alle Menschen mit dem Geldausgeben oder genauer gesagt, mit dem Erwerb der Ware oder Dienstleistung, Freude und mit dem Sparen (seelische) Schmerzen. Die meisten haben allein schon gegen das Wort *Sparen* eine Abneigung. Sparen kann aber auch Spaß machen und Freude bereiten. Es ist wirklich nur eine Sache der Einstellung. Versuchen Sie daher, mit dem Geldausgeben einen Schmerz zu empfinden. Jedes Mal, wenn Sie Ihre Brieftasche öffnen, weil Sie etwas bezahlen wollen, fragen Sie sich, ob das, was Sie gerade kaufen wollen, wirklich notwendig ist. Fragen Sie sich, ob Sie es unbedingt brauchen oder ob Sie es lediglich haben wollen, weil es andere haben oder weil die Werbung es Ihnen »schmackhaft« gemacht hat. Viele Dinge kaufen wir uns nämlich aus oben genannten Gründen, erleben nur eine kurze Freude und legen den Gegenstand später in irgendeine Ecke. Die Freude war kurz, dass Geld ist aber weg. Konditionieren Sie sich daher um: Versuchen Sie, Freude zu erleben, wenn es Ihnen gelungen ist, Geld nicht auszugeben. Wenn Sie wieder einen bestimmten Betrag, den Sie beinahe ausgegeben hätten, nun auf Ihr Sparkonto einzahlen können (dieses Sparkonto sollte idealerweise ein separates Konto sein, dass nur zum Sparen dient). Freuen Sie sich, dass Sie standhaft geblieben sind. Heften Sie sich Ihre Kontoauszüge chronologisch ab und sehen Sie sich diese von Zeit zu Zeit an. Bald werden Sie voller Freude beobachten, wie Ihr Konto wächst und einen Schmerz empfinden, wenn eine Geldausgabe zu sehen ist. Bei dieser Konditionierung ist aber wichtig, dass Sie sich ab und zu auch einmal etwas Schönes gönnen. Haben Sie zum Beispiel einen bestimmten, vorher festgelegten Betrag auf Ihrem Sparkonto erreicht, belohnen Sie sich selbst, indem Sie sich einen Wunsch erfüllen. Diese Geldausgabe sollte allerdings nicht so groß sein, dass Sie anschließend wieder bei Null anfangen müssen. Dies wird Sie zum Weitersparen motivieren und für Freude am Sparen sorgen. Obendrein hält es Sie davon ab, in Geiz zu verfallen und es ist eine Belohnung Ihrer Willensstärke und Disziplin, die Sie sich selbst machen. Derartige »Selbstbelobigungen« sind außerordentlich hilfreich für Ihr

Selbstbewusstsein, auch in anderen Bereichen des Lebens (zum Beispiel, wenn Ihnen etwas besonders gut gelungen ist oder Sie ein selbstgesetzes Ziel erreicht haben).

Allein durch Sparen ist zwar noch niemand Millionär geworden, es ist aber eine Charaktereigenschaft, die bei allen Millionären sehr ausgeprägt ist. Ihre Millionen haben die Millionäre durch ihren Unternehmungsgeist *und* ihr außergewöhnliches Organisationstalent *und* richtige Entscheidungen *und* Sparen erworben.

Es wurde in diesem Buch wiederholt darauf hingewiesen, dass es im Leben nichts umsonst gibt. Alles hat seinen Preis. *Meiden Sie* deshalb *scheinbare Gratisangebote.* Hinter allem, was es auf den ersten Blick umsonst zu geben scheint, steckt meist ein Trick. Hinter den so genannten Schnäppchen und »völlig kostenlosen und unverbindlichen« Angeboten verbirgt sich so gut wie immer ein psychologischer Kaufzwang. Mit dem Annehmen des Gratisangebots werden in uns im Nachhinein Gefühle von Kaufverpflichtungen, irgendwelchen Gegenleistungen oder Zugeständnissen bei der Qualität der Produkte hervorgerufen. Erfolgreiche Menschen wissen um diese Manipulationsversuche und halten sich von allem Kostenlosen fern. Sie bezahlen lieber den vollen Preis und behalten ihre Unabhängigkeit.

Da die Mächtigen aber wissen, dass die Menschen für Geschenke sehr empfänglich sind, verschenken sie selbst gern etwas. Ihre Freigiebigkeit wenden sie strategisch an. Sie wissen, dass Gebefreudigkeit die anderen milder stimmt, verführerisch ist sowie Galanterie darstellt und Geselligkeit schafft.

Da geizige Menschen sowie Geldgierige und Schnäppchenjäger einen entsprechend negativen Einfluss auf Sie ausüben, halten Sie sich von diesen fern oder nutzen Sie den Geiz und die Gier der anderen für sich zum Vorteil aus.

Es gibt Momente, die sich nur ein einziges Mal ereignen.
Auf diese muss man immer vorbereitet sein,
um seine Chance nicht zu verpassen.
Begreift man, dass sich eine solche Gelegenheit bietet,
bedarf es keiner Anstrengung mehr,
um davon zu profitieren.

Chao-Hsiu Chen

Die Fähigkeit, *schnell Entscheidungen* zu *treffen*, ist ein weiteres Merkmal aller Mega-Erfolgreichen. Gelegenheiten zum Geldverdienen kommen und gehen meist sehr rasch. Es kommt deshalb darauf an, die Gelegenheiten »beim Schopfe« zu fassen, ehe die Chancen vertan sind. Trainieren Sie daher, Entscheidungen schnell zu treffen. Dies können Sie zum Beispiel üben, indem Sie im Restaurant innerhalb von fünfundvierzig Sekunden Ihr Essen aus der Speisekarte aussuchen und nicht erst minutenlang darin herumblättern, indem Sie Ihre Garderobe aus dem Kleiderschrank in Zukunft innerhalb von fünfzehn Sekunden zusammenstellen, usw.

Sind Sie beim Fällen von Entscheidungen zögerlich und ängstlich, bekommen das Ihre Gesprächs- und Verhandlungspartner mit. Auch hier ist der erste Eindruck, den Sie bei anderen hinterlassen, von besonderer Bedeutung. Haben die anderen gemerkt, dass Sie für Zugeständnisse und Abstriche bereit sind, weckt das selbst in sonst eher zurückhaltend reagierenden Menschen den »Jagdinstinkt«. Sie werden immer versuchen, mit Ihnen irgendwelche Kompromisse aushandeln zu können. Unter gleichgestellten Mitarbeitern sowie in einer untergebenen Stellung führt das oft dazu, dass man herumgeschubst wird. Seien Sie daher immer beherzt. Aus Märchen- und Actionfilmen wissen Sie ja, dass die Mutigen verehrt werden und die weniger mutigen nur verlacht. Wer kühn ist, ruft bei den anderen des Weiteren Angst hervor, wodurch sich die anderen in die Defensive zurückziehen.

Ist Ihnen eine Sache nicht geheuer, dann verfallen Sie nicht ins Zögern, sondern lassen Sie lieber die Finger davon. Gehen Sie an die Realisierung eines Vorhabens, ohne sich völlig sicher zu sein, dass Sie es schaffen werden, dann legen Sie sich nur selbst Steine in den Weg und stolpern über diese dann auch noch.

Wollen Sie andere von etwas überzeugen und reagieren auf deren Einwände zögerlich, lassen Ihre von Unentschlossenheit kündenden Denkpausen bei diesen Zweifel entstehen. Auch hier ist Schnelligkeit gefragt, damit die anderen keine Zeit zum Nachdenken und Hinterfragen haben. Es ist ähnlich, wie bei der Verführung. Gehen Sie beim Verführen zögerlich und ängstlich vor, wird die oder der Verführte bald merken, welches Ziel Sie verfolgen und der Zauber ist dahin. Die gute Nachricht: Kühnheit ist nur sehr selten angeboren, aber man kann sie trainieren. Gelegenheiten dazu bieten sich in Diskussionen und Verhandlungen jede Menge.

> Alles, was man sagt, kann sich auch gegen
> einen selbst richten oder andere verletzen.
> Bevor man seine Worte äußert, sollte man
> bedenken, ob sie Schaden oder Nutzen bringen.
> Seine Äußerungen sollte man also mit Bedacht
> wählen, entweder um mit ihnen sich selbst
> zu stärken oder den Gegner zu schwächen.
>
> *Chao-Hsiu Chen*

In einer heftigen Diskussion sagen wir alles Mögliche, um unseren Standpunkt zu vertreten bzw. um andere von der Richtigkeit unserer Meinungen zu überzeugen. Im Kollegenkreis mag dies noch recht harmlos enden, diskutieren Sie aber mit einem Ihrer Vorgesetzten, kann sich dieser schnell in seiner Intelligenz herabgesetzt fühlen. Für eine berufliche Karriere ist das in den meisten Fällen tödlich, da der betreffende Vorgesetzte immer wieder versuchen wird, Ihnen zu beweisen, dass Sie doch nicht der Oberschlaue sind. *Überzeugen Sie* daher *lieber durch Taten als durch Worte*, wenn Sie sich ganz sicher sind, dass Sie Recht haben. Menschen glauben viel eher und leichter, was sie selbst sehen. Schon ein altes Sprichwort sagt daher: »Die Ohren glauben anderen Menschen, die Augen einem selbst«.

Wichtig in Sachen Diskussionen und Überzeugung anderer: Überlegen Sie genau, ob es für Sie langfristig von Bedeutung ist, dass die andere Person Ihre Meinung teilt. Spielt dies keine Rolle oder wird sie im Laufe der Zeit sowieso selbst herausfinden, dass Ihre Meinung richtig war, dann sparen Sie sich lieber die Energie und die Zeit. Beenden Sie die Diskussion lieber dezent. Obendrein vermeiden Sie dadurch viel »böses Blut«.

Eine Ausnahme gibt es allerdings auch hier: Hegt sich bei den anderen der Verdacht, dass Sie ihnen eine Lüge aufgetischt haben, dann sollten Sie die anderen sogar in eine Diskussion verwickeln und mit all Ihrer Überzeugungskraft von Ihrer (Not) Lüge ablenken. Ein selbstsicheres Auftreten und das »Einstreuen« von Emotionen sind dabei besonders wirksam.

> Um ein großes Ziel zu erreichen, darf man nicht
> nach Sicherheit streben und muss vielleicht sogar
> zunächst Verluste in Kauf nehmen. Aber der Erfolg
> wird zeigen, wie wichtig dieses Handeln war,
> vor dem man sich zuerst fürchtete.
>
> *Chao-Hsiu Chen*

Die Durchschnittsmenschen arbeiten für Geld, *die Reichen lassen das Geld arbeiten*. Ebenfalls ein sehr wichtiges Erfolgsprinzip. Die meisten Menschen ziehen es vor, in Geldangelegenheiten lieber auf der sicheren Seite zu bleiben, dass heißt, sie lassen sich vom Gefühl der Angst leiten. Sie haben Angst, den Job zu verlieren, Angst, ihren Zahlungsverpflichtungen nicht nachkommen zu können, Angst, irgendwo neu anfangen zu müssen. So klammern sie sich an ihren derzeitigen Arbeitsplatz (auch, wenn er ihnen nur wenig Spaß macht) und gehen in finanziellen Dingen kein Risiko ein. So werden sie Sklave des Geldes. Das über ein paar Monate oder Jahre angesparte Geld geben sie dann für ihre Wünsche und Freuden rasch wieder aus.

Die Mehrzahl der Menschen investiert nicht am Kapitalmarkt, weil die Angst, Geld zu verlieren, größer ist als die erwartete Freude durch die möglichen Gewinne. Sie kommen nicht zu Geld, weil sie kein Geld verlieren möchten. Das möchten auch die Reichen nicht. Aber sie lassen sich nicht von der Angst leiten, sondern verdrängen diese und halten so ihren Geist frei, um den Markt zu analysieren. Wo die Ängstlichen nur Preissteigerungen, Inflation und riskante Geschäfte sehen, suchen die Erfolgreichen nach Möglichkeiten, zu investieren.

Die meisten Menschen haben ein völlig falsches Bild von den Millionären. Sie sehen nur die Villen, in denen die Reichen leben, die noblen Autos, mit denen sie fahren, die Luxusreisen, die sie unternehmen und dass scheinbar leichte Leben, dass sie führen. Die Wahrheit sieht jedoch ganz anders aus. Für die eben genannten Extravaganzen geben die Reichen nämlich nur einen sehr geringen Teil ihres Vermögens aus. Der Großteil ihres Kapitals steckt in ihren Unternehmen oder arbeitet irgendwo anders in Form von Beteiligungen oder Aktien. Fast alle Millionäre schmeißen also nicht mit dem Geld um sich, sondern sind in Sachen Geld sehr vorsichtig und überlegen genau, bevor sie etwas ausgeben. Der weniger Begüterte dagegen ist meist leichtsinniger, was das Geldausgeben betrifft.

Geld ruft nach Aktivität und Expansion. Es will nicht festgehalten und gehortet werden. Eine gut funktionierende

Wirtschaft ist auf einen dynamischen Umlauf des Geldes angewiesen. Das Zurückhalten des Geldes dagegen verschärft Rezessionen und ruft Krisen hervor. Ähnlich, wie die Wirtschaft eines Staates einen lebhaften Geldumlauf benötigt, um zu funktionieren, hängt auch unser eigener Wohlstand von der dynamischen Zirkulation unseres Geldes ab. Das heißt natürlich nicht, dass das Geld für irgendwelche Luxusgüter, Eitelkeiten und ähnliche Sachen ausgegeben werden soll, sondern dass es für gewinnversprechende Investitionen genutzt wird. Durch die ausgezahlten Gewinne, Dividenden und Zinsen und den erneuten Einsatz dieser finanziellen Mittel baut sich nach und nach ein üppiger Geldfluss auf. Von diesem kann dann ohne weiteres auch etwas für den Kauf von Luxusgütern »abgezweigt« werden, ohne dass Ihr Geldfluss an Dynamik verliert.

> Der geistige und seelische Eifer, den Begeisterung hervorbringt, vermag in jedem Menschen das Apathie-/Misserfolgs-Moment auszuschalten und bislang ungenutzte, ja ungeahnte persönliche Kräfte freizusetzen.
> Begeisterung ist ansteckend. Sie reißt alles mit sich – und hat durchschlagenden Erfolg.
>
> *Norman Vincent Peale*

Bekämpfen Sie Ihre Trägheit. Dies gelingt am besten, indem Sie den Satz: »Das kann ich mir nicht leisten« aus Ihrem Sprachgebrauch streichen und sich stattdessen immer fragen: »Wie kann ich mir das leisten?«.

Während der erste Satz Ihr Gehirn in eine apathische Haltung versetzt und das Nachdenken blockiert, rüttelt die Frage nach dem Wie Ihr Gehirn wach und spornt es zum Überlegen an. Obendrein werden Sie optimistisch gestimmt und gehen voller Tatendrang an die ermittelten Aufgaben. Die Feststellung »Das kann ich mir nicht leisten« ruft dagegen Hilflosigkeit hervor und führt nicht selten zu seelischer Niedergeschlagenheit.

Jeder von uns »sendet« im Umgang mit anderen Menschen durch seine Mimik und Gestik Signale aus. *Gewinner achten auf nonverbale Signale der Menschen und reagieren darauf entsprechend*, wenn sie etwas verkaufen möchten, wenn sie andere von etwas überzeugen wollen und wenn sie andere motivieren wollen. Durch das Beachten nonverbaler Signale können Sie von Ihrem Gegenüber Schwächesignale auffangen und in Ihren Verhandlungen zu Ihrem Vorteil nutzen. So wird zum Beispiel das Verschränken der Arme vor der Brust in einem Gespräch von fast allen Psychologen und Verkaufstrainern als »Sich Zumachen«-Haltung gewertet. Verkaufs- und Kommunikationsprofis merken an diesem »Sich Zumachen«, dass die Ausführungen, die sie eben gemacht haben, vom Gesprächspartner höchstwahrscheinlich innerlich abgelehnt werden bzw., dass sie ihm zumindest egal sind. Sie wählen ihre folgenden Aussagen dann so, dass sie dieser Haltung entgegensteuern. Ob Ihr Gesprächspartner an dem, was Sie sagen, interessiert ist, lässt sich auch an seiner Körperhaltung feststellen. Lehnt er sich zum Beispiel etwas in Ihre Richtung, deutet das auf Interesse hin, lehnt er sich zurück bzw. wendet er sich ab, interessiert ihn nicht, was Sie sagen bzw. Sie sind ihm unsympathisch.

Auch Fußbewegungen »sagen« viel über einen Menschen aus. Wer beispielsweise die Beine übereinander geschlagen hat und mit dem Fuß vor und zurückschwingt, bringt Nervosität oder Zweifel zum Ausdruck. Sitzt der Betreffende auf einem Stuhl und zieht plötzlich die Beine nach hinten unter den Stuhl zurück, bereitet ihm das eben Gesagte Angst oder Sorgen.

Der Schreibtisch gibt ebenfalls Auskünfte über denjenigen dahinter. Ist der Schreibtisch besonders groß, dient er möglicherweise als Schutz. Die Person hinter dem Schreibtisch ist also höchstwahrscheinlich unsicher. Es verschafft Ihnen Vorteile, wenn Sie diesen Menschen, bevor Sie Ihr Gespräch beginnen, hinter seinem Schreibtisch hervorlocken können und an einem wesentlich kleineren Tisch Platz nehmen bzw. auf einem Sofa oder ihn auf einen Cappuccino oder Kaffee in eine Cafeteria einladen. Bleiben Ihre Versuche erfolglos, dringen Sie einfach in seine »Schutzzone« ein, indem Sie Ihre Aktentasche auf seinen Schreibtisch stellen.

Wichtig: Möchten Sie etwas verkaufen oder andere von etwas überzeugen, bringen Sie diese vorher in eine Zustimmungshaltung. Das können Sie zum Beispiel erreichen, indem Sie vor Beginn Ihres Gesprächs zwei oder drei Fragen stellen, die der andere mit sehr großer Wahrscheinlichkeit mit »Ja« beantworten oder dies zumindest denken muss (am Freitag: »Endlich steht das Wochenende wieder vor der Tür, was?«; im Fitnessstudio: »Na, auch wieder etwas für die Gesundheit tun?«; in der Pause: »Endlich wieder etwas relaxen, was?«).

Reden ist Silber, Schweigen ist Gold.

Sprichwort

In Gesprächen geht es darum, Informationen auszutauschen, man möchte informieren und informiert werden. Gespräche dienen aber auch dazu, andere zu überzeugen und anderen zu gefallen. *Es ist* deshalb *sehr wichtig, in Gesprächen die richtigen Worte und den richtigen Ton zu gebrauchen.* Wer rechthaberisch und anmaßend Diskussionen führt, macht sich unsympathisch und erweckt Widerspruch. Einem solchen Menschen wird es daher nie gelingen, seinen Zuhörern zu gefallen, von ihnen hilfreiche Tipps zu erhalten und sie von etwas zu überzeugen.

Mächtige Leute reden in einem Gespräch auch nicht »wie ein Wasserfall«, sondern sie beeindrucken, indem sie wenig sagen.

Je weniger Sie von sich und Ihren Gedanken preisgeben, desto schwieriger ist es für Ihre Mitmenschen auch, sich bei Ihnen einzuschmeicheln und Sie zu täuschen, da es für diese sehr schwer ist, Sie zu durchschauen und Ihre Reaktionen vorherzusehen. Es ist allgemein immer wertvoller, wenig selbst und über sich selbst zu erzählen, dafür aber die anderen zum Erzählen zu ermuntern und ihnen aufmerksam zuzuhören. Die erhaltenen Informationen lassen sich später höchst effizient einsetzen.

Indem Sie sich in Gesprächen »bedeckt« halten und immer weniger sagen als notwendig, wirken Sie auf die Anderen mächtiger. Hier spielt wieder die Psychologie eine Rolle: Menschen verlangen immer nach Erklärungen, sie wollen wissen, was die anderen denken und ihr Verhalten interpretieren.

Dadurch, dass Sie in Gesprächen nur wenig über sich sagen, bleiben Sie für die anderen interessant und länger in Erinnerung. Sie denken nämlich nach den Gesprächen mit Ihnen über Ihre wenigen Worte nach. Sie beschäftigen sich so noch mit Ihnen, wenn das Gespräch schon lange vorbei ist. Obendrein werden sie darüber nachdenken, was sie alles von sich preisgegeben haben, eine entsprechende Information von Ihnen aber nicht erhielten. Sie hinterlassen so eine scharfsinnige und geheimnisvolle Aura und Ihre Gesprächspartner werden voller Ungeduld auf das nächste Treffen mit Ihnen warten, wo sie versuchen wollen, die noch offenen Antworten zu erhalten.

Von großer Bedeutung ist in Gesprächen auch, sarkastische Äußerungen wohl überlegt zu gebrauchen. Was Ihnen im Moment des Aussprechens vielleicht eine Befriedigung verschafft, kann Ihnen im Anschluss teuer zu stehen kommen.

In den meisten Fällen erreicht man mit kurzen Antworten

und Stillschweigen in Gesprächen mehr als mit vielen Worten. Es gibt aber auch hier Ausnahmen. So kann Schweigen in bestimmten Situationen auch Zweifel und Bedenken erwecken. Es kommt immer darauf an, die Situation richtig einzuschätzen. Mitunter kann es besser sein, die Leute mit seinen Erzählungen zu unterhalten und so den Verdacht von sich zu lenken. Sie erscheinen so weniger gefährlich, man hält Sie für weniger intelligent. Unter manchen Umständen ist das eine gute Möglichkeit, die anderen leicht zu täuschen, da die Menschen im Allgemeinen jemandem, der so »frei von der Leber weg« erzählt, keine List oder Manipulation unterstellen.

> Es ist klug, die Meinungen anderer
> nicht von sich zu weisen, sondern sie ebenso
> gelten zu lassen wie die eigenen Ansichten.
> Denn es könnte sein, dass es gerade die
> Meinungen anderer sind, die einen beim
> Weiterkommen helfen.
>
> *Chao-Hsiu Chen*

In neuester Zeit ist in Manager- und Forscherkreisen immer häufiger der Begriff des *Brainstorming* zu hören, wenn es darum geht, komplizierte Aufgaben zu lösen oder Entwicklungspläne festzulegen. Der Begriff des Brainstorming ist zu uns aus den USA »herübergeschwappt«. Beim Brainstorming geht es darum, in einem Team Aufgaben durchzusprechen und durch das spontane Hervorbringen von Einfällen gemeinsam den besten Lösungsweg zu finden. Ähnlich Computern, die man zusammenschaltet, um einen Hochleistungscomputer zu erhalten, vervielfacht sich die Geisteskraft jedes Einzelnen durch diesen Gedankenaustausch in der Gruppe. Dies liegt darin begründet, dass eine Idee meist eine weitere Idee hervorbringt und eine

Idee, die einem Teammitglied nichts bringt, für einen anderen genau der richtige »Zündstoff« ist. In der Diskussion im Team ergänzen sich so die einzelnen Personen gegenseitig, wodurch sich ihre Geisteskraft nicht nur addiert, sondern multipliziert oder sogar potenziert.

Einen solches Brainstorming sollten Sie natürlich nur mit Gleichgesinnten bilden und mit Personen, die Ihr uneingeschränktes Vertrauen genießen. In Ihrem Unternehmen geht es schließlich um die Bekanntgabe von Betriebsgeheimnissen in Sachen Forschung, Entwicklung, Finanzen, Absatz sowie Marketing und im persönlichen Bereich geben Sie anderen Ihre eigenen Ziele preis. Ein Gedankenaustausch mit den falschen Leuten kann also schnell vertrauliche, unternehmensinterne Daten an die Öffentlichkeit oder die Konkurrenz bringen. Mit Ihren persönlichen Zielen verhält es sich ebenso. Negativdenker und Neider werden alles daran setzen, Sie von Ihren hohen Zielen abzubringen und Ihre bereits erreichten Leistungen boykottieren und herabwürdigen.

> Wer sich seine Schwächen eingesteht und weiß,
> dass er verwundbar ist, wird bei Niederlagen
> angemessen reagieren können:
> Es ist ihm bewusst, dass er an sich selbst
> wachsen muss, um auf diese Weise alle
> künftigen Fehlschläge zu vermeiden.
>
> *Chao-Hsiu Chen*

Ein großer Teil unseres täglichen Handelns wird von Gewohnheiten bestimmt. Da es aber bekanntlich gute und schlechte Gewohnheiten gibt, lautet eine weitere Erfolgsregel: *Ersetzen Sie schlechte Gewohnheiten durch gute und bilden Sie gute Gewohnheiten aus.* Gute Gewohnheiten wirken sich förderlich auf unser Leben aus und machen glücklich, während schlechte Gewohnheiten unser Vorwärtskommen behindern und unglücklich machen.

Wie so vieles im Leben lassen sich auch Gewohnheiten erlernen. Ebenso ist es möglich, sich schlechte Gewohnheiten wieder abzugewöhnen.

Gewohnheiten sind im Prinzip Handlungen, die wir als Reaktionen auf bestimmte Reize automatisch ausführen, ohne uns irgendwelche Gedanken zu machen. Im Laufe des Lebens legen wir uns so eine Reihe von Angewohnheiten zu, die unser Verhalten mitbestimmen. Weil die Gewohnheitshandlungen aber unterbewusst erfolgen, fallen Sie uns selbst nur noch in den seltensten Fällen auf. Von selbst legen wir daher eine Gewohnheit – egal, ob eine gute oder schlechte – kaum ab. Auf einen bestimmten Reiz reagieren wir so meist ein Leben lang mit dergleichen Handlung. In uralten Sprichwörtern heißt es daher auch: »Die Gewohnheit geht in Bleistiefeln« oder »Der Mensch ist ein Gewohnheitstier«.

Schlechte Gewohnheiten erlernen wir wesentlich schneller als gute, obwohl diese unser Leben verschlechtern. Gute Gewohnheiten erleichtern und verbessern das Leben, diese erlernen wir aber wesentlich schwerer.

Eine nachteilige Gewohnheit lässt sich aber mit einem starken Willen durch eine neue, bessere ersetzen. Es ist also möglich, sich von schlechten Gewohnheiten und deren negativen Auswirkungen auf unser Leben zu befreien.

Da Sie sich nun sicherlich fragen, was denn nun zu den empfehlenswerten (guten) Gewohnheiten in Sachen reich und erfolgreich werden zählt, nachfolgend etwas zu diesem Thema.

Wie in diesem Buch weiter vorn schon erwähnt, ist Zeit für Sie, wenn Sie sehr wohlhabend werden möchten, ein kostbares Gut. Da man Zeit aber nicht konservieren, aufhalten oder kaufen kann, ist es erforderlich, mit der Zeit (Ihrer Lebenszeit!) äußerst sparsam und überlegt umzugehen. Mehr Kontrolle über

Ihre Zeit erlangen Sie, wenn Sie bei jeder Tätigkeit das Prinzip der Vereinfachung anwenden. Dieses Prinzip bedeutet, dass Sie alle Aktivitäten meiden, die in keinem vernünftigen Verhältnis von Zeitaufwand und (finanziellem) Nutzen stehen. Delegieren oder eliminieren Sie Tätigkeiten, die »Zeitfresser« sind und nur bescheidene Gewinne hervorbringen. So gewinnen Sie Zeit, in der Sie sich mit den Dingen beschäftigen können, die Sie im Leben voranbringen oder auch Zeit für Ihre Familie. Um Ihre »Zeitfresser« zu entlarven, können Sie wieder das Pareto-Prinzip anwenden. Überprüfen Sie, für welche Tätigkeiten Sie 80% Ihrer Zeit benötigen, die aber nur 20% Ihrer Gewinne bringen. Diese Tätigkeiten oder zumindest einen Großteil davon, delegieren oder eliminieren Sie. Oft lassen sich die Erträge allein schon dadurch steigern, indem Sie einen Teil der dadurch frei gewordenen Zeit zusätzlich für die 20% Ihrer Tätigkeiten verwenden, die Ihnen 80% Ihrer Gewinne erwirtschaften.

Fragen Sie sich daher jeden Tag, welche Tätigkeiten Sie verringern, delegieren oder gar wegfallen lassen können.

Machen Sie sich des Weiteren zur Gewohnheit, aus den Fehlern und Erfolgen von anderen zu lernen sowie die Ideen von Ihren Mitmenschen aufzugreifen. Dieses Wissen finden Sie in Büchern und in Artikeln in Zeitungen und Zeitschriften. Oft erhält man auch in Diskussionsrunden und in entsprechenden Fernsehsendungen wertvolle Tipps und Hinweise. Indem Sie dieses Wissen anwenden, brauchen Sie selbst meist weniger hart arbeiten, sparen eine Menge Ihrer kostbaren Zeit und vermeiden eigene leidvolle Erfahrungen, diese speziell in finanzieller Hinsicht. Wenn Sie ein eigenes Unternehmen gründen möchten, dann lernen Sie vor allem auch aus den Pleiten anderer, die in dem gleichen Bereich tätig waren, in dem Sie sich selbstständig machen wollen. Es heißt deshalb auch so schön: »Eigene Erfahrungen sind immer die teuersten Erfahrungen«.

Stellen Sie fest, dass andere etwas viel besser können als Sie, dann nutzen Sie deren Arbeitskraft. Übergeben Sie diese Tätigkeiten den Personen und bezahlen Sie lieber dafür. Sie haben so mehr Zeit, sich um das zu kümmern, was Sie selbst besonders gut können.

Haben Sie vor, von der »einfachen« Selbstständigkeit zum Unternehmenseigner aufzusteigen, dann benötigen Sie dafür begabte Angestellte. Trainieren Sie daher Fähigkeiten, die einen Teamgeist schaffen.

Wie weiter vorn in diesem Buch schon erwähnt, müssen Sie sich nicht unbedingt selbstständig machen, um sehr wohlhabend zu werden. In unserer heutigen Zeit der Großkonzerne gibt es auch sehr, sehr gut bezahlte Jobs in den Führungsetagen dieser Konzerne, die nicht von Personen aus der Verwandtschaft besetzt werden. Es befindet sich allerdings so gut wie kein Mitarbeiter in der Leitung dieser Unternehmen, der nur über reines Faktenwissen verfügt, sei es auch noch so umfangreich. *Gefragt sind* vielmehr *die Verwertung Ihres Wissens in Form von eigenen Ideen und Neuerungen.* Setzen Sie Ihr Wissen für das Unternehmen erfolgbringend ein, unterscheiden Sie sich vom Durchschnitt der Beschäftigten, die lediglich tagein tagaus ihre Tätigkeit »abspulen« und machen sich damit nützlich und unentbehrlich. Und diese Unentbehrlichkeit ist eine Sicherheit, für eine außergewöhnlich gute Bezahlung.

Es ist im Prinzip ganz einfach: Wer an seinem Arbeitsplatz alles nur routinemäßig erledigt, ist nur ein Zahnrad im großen Räderwerk des Unternehmens, hat nur die Bedeutung eines kleinen Rädchens und kann auch genauso leicht gegen ein anderes ausgetauscht werden.

Möchten Sie in Ihrem Unternehmen sehr viel Geld verdienen, ist es notwendig, dass Sie im Gesamtmechanismus des Geschäftsbetriebes ein unentbehrliches »Schwungrad« sind.

Wurden Sie aufgrund Ihrer bisherigen Ideen und Neuerungen in eine höhere Position befördert, dann ruhen Sie sich nicht auf Ihren Lorbeeren aus, sondern machen Sie weiter. Überlegen Sie auch in der neuen Stellung, welche Fähigkeiten Sie sich aneignen können, die Ihnen in der Zukunft von Nutzen sein könnten. Wie in diesem Buch schon öfters erwähnt, ist unsere heutige Gesellschaft vor allem auf Informationen aufgebaut. Wissen und Informationen zählen deshalb weit mehr als materieller Besitz. Wer erfolgreich sein will, muss sich aus diesem Grund ständig weiterbilden.

Sie arbeiten immer für sich selbst oder für einen anderen. Arbeiten Sie ein Leben lang im Angestelltenverhältnis oder als Lohnempfänger für Ihren Arbeitgeber, dann sorgen Sie mit dafür, Ihren Arbeitgeber reich bzw. noch reicher zu machen. Alle Self-Made-Millionäre haben aber irgendwann in ihrem Leben beschlossen, sich nur noch um ihr eigenes Geschäft zu kümmern. Möchten Sie Millionär werden, dann ist es ebenfalls erforderlich, *dass Sie sich in naher Zukunft nur noch um Ihre eigenen Geschäfte kümmern.* Verbringen Sie Ihre ganze Zeit nur damit, sich um die Geschäfte eines anderen zu kümmern, dann machen Sie ihn reich.

Sie sollten nun nicht sofort zu Ihrem Chef gehen und ihm die Kündigung auf den Tisch legen. Behalten Sie für eine gewisse Übergangszeit noch Ihren Job, kümmern Sie sich aber schon um den Kauf von Vermögenswerten. Zur Erinnerung: Ein Auto, teure Möbel, eine Luxus-Armbanduhr, und dergleichen sind keine Vermögenswerte. Sie zeigen lediglich, welches Vermögen der Besitzer zum Zeitpunkt des Kaufes einmal gehabt haben muss. Ihr Wert wird aber von Jahr zu Jahr weniger, sofern es sich nicht um Antiquitäten handelt.

Zu den Vermögenswerten zählt nur, was Erträge erzielt oder im Wert steigt, also zum Beispiel Aktien, Mieteinnahmen aus Immobilien, Gewinnbeteiligungen aus Unternehmen, festverzinsliche Wertpapiere, Investmentfonds, Antiquitäten, deren Wertsteigerung die Kosten für die Werterhaltung übertrifft.

Haben Sie ein bestimmtes Ziel erreicht, also eine bestimmte Höhe Ihres finanziellen »Polsters«, dann können Sie sich auch einen Luxusartikel oder ein paar Luxusartikel kaufen, quasi als Belohnung.

Nach diesem Prinzip handelten und handeln fast alle Reichen. Als Außenstehender sieht man zwar nur, dass die Reichen in Villen wohnen, »dicke Schlitten« fahren, teure Sachen tragen, mitunter eine Yacht haben, usw. Aber sie haben sich diese Dinge erst gekauft, *nachdem* sie großen Reichtum angehäuft hatten. Der Durchschnitt der Menschen kauft sich Luxusgüter aber, so wie etwas Geld übrig ist oder in sehr vielen Fällen sogar »auf Pump«.

Die wirklich Reichen, dass heißt die, die wirklich aus ihrem Vermögen große Einkünfte beziehen und nicht nur nach außen Reichtum vortäuschen, haben alle erst ein Vermögen aufgebaut. Aus den Einkünften, die dieses Vermögen erwirtschaftet, kaufen sie sich dann ihre Luxusgüter, achten aber darauf, dass das Vermögen an sich, also ihre »goldene Gans«, nicht angetastet wird oder idealerweise sogar noch etwas »dicker« wird.

> Man kann sich selbst mit seinen Gedanken müde
> machen – mit Gedanken des Überdrusses, der Angst,
> der Sorge oder des Ärgers und des Grolls.
> Hegt man jedoch Gedanken der Hoffnung,
> der Zuversicht, der positiven Einstellung
> und des guten Willens, entwickelt sich ein stetiger
> Strom von Energie.
>
> *Norman Vincent Peale*

Im Abschnitt »Denken Sie sich reich« kam schon zum Ausdruck, welche Macht optimistische Gedanken auf unserer

Vorwärtskommen haben. *Positives Denken* ist auf dem Weg zum Erfolg unerlässlich.

Aussagen, wie: »Das kann ich mir nicht leisten«, »Geld hat für mich keine Bedeutung« und »Unsereins wird nie zu den Reichen gehören« oft genug wiederholt, vergiften Gedanken an Erfolg und Reichtum. Die erfolgreichen Menschen verwenden dagegen positive, anspornende Aussagen, wie: »Wie kann ich mir das leisten?«, »Geld ist Macht« und »Ich bin reich«. Die ersten Aussagen werfen uns quasi einen Knüppel zwischen die Beine und versetzen uns in Trägheit und Pessimismus, die zweiten dagegen aktivieren unser Gehirn zum Nachdenken, versetzen uns in eine optimistische Stimmung und ermuntern zum Nachdenken über Geld.

Vermeiden Sie Gespräche über schlechte Zeiten, Wirtschaftskrisen, Misserfolge und andere »Trauergesänge«. Konzentrieren Sie Ihre Gedanken, Gefühle, Beziehungen und Aktivitäten immer auf das Gelingen und erwarten Sie Reichtum.

Erleiden Sie doch einmal einen Fehlschlag (was auf dem Weg zu Erfolg und Reichtum sogar des Öfteren passieren wird), dann betrachten Sie diesen in dem festen Glauben, dass Sie eine bestimmte Sache nur deshalb nicht erreicht haben, weil bereits etwas noch viel Größeres auf Sie wartet und zur rechten Zeit in Erscheinung treten wird. Ihr bisheriger Wunsch war einfach noch nicht groß genug. Überdenken Sie diesen daher noch einmal und legen Sie ein neues, größeres Ziel fest.

Alle besonders erfolgreichen Menschen denken über Jahre voraus. Sie haben genaue Vorstellungen davon, wie sie in fünf oder zehn Jahren leben wollen und wie sie es erreichen können. Die Erfolglosen dagegen denken meist über das nach, was sie alles nicht haben oder erreichen können und machen andere Menschen für ihre Probleme verantwortlich. Sie ärgern sich über die Menschen, die ihrer Ansicht nach an ihrer Situation schuld sind und klagen diese bei jeder sich bietenden Gelegenheit in ihren Gesprächen an. Durch diese Denk- und Verhaltensweise verschärfen sich ihre Probleme aber nur noch mehr. Ihr Geist ist mit Problemen »verkleistert« und damit für andere, positive Gedanken blockiert. Im Laufe der Zeit verfallen solche Menschen in eine pessimistische Grundhaltung, die für das Vorwärtskommen kontraproduktiv ist. Erfolgreiche Menschen sind alle Optimisten. Sie blicken zuversichtlich in die Zukunft, sind anderen Menschen gegenüber positiv eingestellt und gehen voller Energie und Begeisterung an die Realisierung ihrer gesteckten Ziele. Des Weiteren sind Optimisten auch kreativer. Sie haben öfter neue Ideen und erkennen Möglichkeiten, die sich ihnen bieten, leichter und rascher.

Aus Untersuchungen ist bekannt, dass alle erfolgreichen Persönlichkeiten eine klare Vision vor Augen hatten und an der Verwirklichung dieser Vision täglich arbeiteten. Für sie war nicht die Vergangenheit von Bedeutung, dass, was sowieso nicht mehr zu ändern ist, sondern die Zukunft, in der noch alles möglich ist.

Auch Sie können Ihren Optimismus stärken, indem Sie sich für die Zukunft klare Ziele setzen. Schreiben Sie Ihre Ziele am besten auf, nur so sind es wirkliche Ziele und nicht nur Wünsche. Diese klare Zielvorstellung wird Ihren Optimismus beflügeln und in Ihnen zuvor unbekannte Kräfte freisetzen. Tragen Sie am besten immer einen Zettel mit Ihren Zielen bei sich und lesen Sie sich diese Ziele mindestens früh und abends einmal durch. Fragen Sie sich anschließend immer, *wie* Sie diese Ziele erreichen können. Das Wörtchen *wie* regt Ihren Geist zum Nachdenken an und bringt Sie in eine positive Grundstimmung.

Schreiben Sie Ihre Ziele immer so klar und deutlich wie möglich auf. Es reicht beispielsweise nicht aus, nur aufzuschreiben: »Ich möchte in zehn Jahren reich sein« oder »Ich möchte in zwei Jahren gut verdienen«. Formulieren Sie Ihre Aussagen konkret. Schreiben Sie auf, was genau Sie unter reich verstehen also, wie groß Ihr Vermögen in zehn Jahren genau sein soll, (wie viel Millionen Euro, wie viel Häuser, Autos, wo Sie wohnen möchten, usw.) bzw. welchen Betrag Sie in zwei Jahren verdienen wollen.

Haben Sie Ihre Ziele definiert, dann schreiben Sie auf, *wie* Sie diese Ziele erreichen wollen. Diese Liste muss nicht von Anfang an vollständig sein. Wenn Ihnen weitere Schritte einfallen, ergänzen Sie diese einfach.

Beginnen Sie innerhalb der nächsten drei Tage mit der Umsetzung Ihres Planes und unternehmen Sie dann jeden Tag etwas, dass Sie Ihren Zielen näher bringt. Es kommt quasi darauf an, den »Zug« ins Rollen zu bringen und dann die »Geschwindigkeit« beizubehalten. Diese tägliche Disziplin ist notwendig.

Denken Sie immer daran: Wenn Sie nicht für Ihre eigenen Ziele arbeiten, dann arbeiten Sie für die Ziele anderer.

Ein gesundes *Selbstvertrauen* ist nicht nur beim Flirten wichtig, sondern für Ihren Erfolg im Allgemeinen. Sicherlich ist Ihnen schon einmal aufgefallen, dass einige Menschen in hoch bezahlten Stellungen tätig sind, andere Personen mit den gleichen oder sogar besseren Fähigkeiten aber nur mittelmäßige Posten bekleiden. Wenn Sie Gelegenheit haben, diesen Sachverhalt näher zu untersuchen, werden Sie feststellen, dass die Personen in den sehr gut bezahlten Jobs von ihren Fähigkeiten überzeugt sind und an ihren Erfolg glauben. Bei den anderen Leuten, die zwar ebenso fähig sind oder über noch bessere Qualitäten verfügen, ist das Selbstvertrauen dagegen wesentlich schwächer ausgeprägt. Diese Menschen sind mehr oder weniger von Selbstzweifeln und Minderwertigkeitsgefühlen geplagt. Sie üben deshalb auf andere Menschen keine anziehende Wirkung aus, sondern stoßen diese eher ab. Wer im Leben vorankommen will, muss aber andere Leute anziehen und von sich überzeugen. Verdrängen Sie daher negative Gedanken. Sind Sie einmal entmutigt oder machen sich Zweifel breit, dann bejahen Sie das Gute. Erfüllen Sie Ihr Unterbewusstsein mit zuversichtlichen Gedanken. Laut Erkenntnissen aus der Psychologie sind solche Gedanken besonders wirkungsvoll, wenn sie kurz vor dem Einschlafen erfolgen. Unser Unterbewusstsein »beschäftigt« sich während des Schlafens mit diesen »Befehlen« und schafft die Basis für ein gutes Gelingen. Überkommen Sie am Tag Zweifel und Ängste, sprechen Sie, wenn Sie allein sind, laut Bejahungen. Hilfreich ist aber auch das Lesen von Bejahungen, die Sie sich zuvor auf einen Zettel oder in ein Notizbuch geschrieben haben. Ähnlich, wie wir durch Wiederholung etwas lernen, wird durch das ständige Wiederholen Ihrer Bejahungen über Erfolg und positive Ergebnisse Ihr Unterbewusstsein rascher und wirkungsvoller Ergebnisse erzielen.

Ebenfalls förderlich für die Steigerung Ihres Selbstvertrauens ist es, wenn Sie sich mit selbstsicheren Menschen umgeben. Deren selbstsichere Haltung wird unterbewusst auf Sie »abfärben«.

Halten Sie Ihre Ängste unter Kontrolle. Denken Sie immer daran, dass Sie die volle Kontrolle über Ihre Gedanken, Gefühle und Handlungen haben. Und Angst existiert nur in Ihren Gedanken. Wenn Sie Angst haben, haben Sie also Angst vor Ihren eigenen Gedanken. In den Abschnitten zum Unterbewusstsein und zum positiven Denken wurde schon darauf eingegangen, dass Sie das in Ihr Leben ziehen, womit Sie sich gedanklich laufend beschäftigen. Übermitteln Sie Ihrem Unterbewusstsein ständig eine von Angst und Sorgen geprägte Sichtweise, dann werden sich auch Angst und Sorgen einstellen. Auf dem Weg zum Erfolg ist Furcht aber Ihr größter Feind. Wer ängstlich und schüchtern ist, wird es nie zu etwas Großem bringen.

Es gibt im Leben nur zwei Ängste, mit denen wir auf die Welt kommen. Dies hat die Natur so eingerichtet, um unser Leben zu schützen. Es handelt sich dabei um die Angst vor dem Fallen, speziell aus großen Höhen, und die Angst vor lauten Geräuschen, speziell vor überraschend auftretenden. Alle anderen Ängste sind unnatürlich und existieren nur in unserer Einbildung. Sie werden uns meist schon in unserer Kindheit von anderen eingeredet. Lassen wir unserer Fantasie freien Lauf und/oder beschäftigen wir uns immer wieder mit diesen, können uns solche Ängste schnell beherrschen. Es geht uns dann wie Hiob, der sagte: »Was mich erschreckte, das kam über mich«.

Drängen Sie daher aufkommende unnatürliche Ängste beiseite. Unterbrechen Sie negative Gedanken und ersetzen Sie diese durch konstruktive Gedankengänge. Lenken Sie Ihre Aufmerksamkeit weg von Ängsten, Sorgen, Grollgefühlen, Niederlagen und Mangeldenken und konzentrieren Sie sich auf Erfolg, Heiterkeit, Sicherheit und Fülle. Lachen Sie lieber laut über irgendeinen törichten Fehler, den Sie gemacht haben, ehe sich darüber ewig zu grämen und Selbstvorwürfe zu machen. Lachen Sie auch Ihre Ängste einfach weg. So zieht wieder Heiterkeit in Ihre Seele ein und Sie bekommen neuen Mut und Enthusiasmus.

> Der Versuch, etwas zu bekommen,
> bevor man zuerst etwas gegeben hat,
> ist so sinnlos wie der Versuch zu ernten,
> ohne zuvor gesät zu haben.
>
> *Napoleon Hill*

Eine ebenfalls sehr wichtige Regel lautet: *Wenn Sie Geld bekommen möchten, müssen Sie zuerst welches ausgeben.* Klingt beim ersten Lesen sicherlich etwas paradox, ist es aber nicht.

Die meisten Menschen wollen im Leben immer erst etwas haben, bevor sie selbst geben (dies gilt auch in allen anderen Bereichen). Im gesellschaftlichen Leben und in der Natur herrscht aber das weiter oben schon genannte Gesetz vom Säen und Ernten bzw. das Gesetz der Kompensation. Auch die Super-Reichen haben zuerst Geld ausgegeben (für Produktionsanlagen, Rohstoffe, Forschung und Entwicklung, Marketing, Bildung, usw.) und mit Ihren Produkten und/oder ihren Dienstleistungen ihren Kunden Nutzen gegeben. Auch von Ihrem Reichtum geben sie der Allgemeinheit wieder einen Teil zurück, indem sie zum Beispiel Spenden für gemeinnützige Einrichtungen und wohltätige Zwecke geben, Umweltschutzprojekte fördern oder dem Wohle der Allgemeinheit dienende Einrichtungen bauen bzw. sich an deren Finanzierung beteiligen (Bibliotheken, Universitäten, Museen, Kunstausstellungen, Krankenhäuser).

Obwohl es in Sachen Geld irgendwie mystisch klingt, Geld wegzugeben, wenn man welches bekommen möchte, wohnt dieser Regel neben dem oben Erwähnten noch eine weitere vielfach bewiesene, unerklärliche Wahrheit inne. Es ist wie mit dem Lächeln und der Liebe: Ein ehrliches, offenes Lächeln und wahre Liebe kehren immer wieder zu einem zurück. Mit dem Geld ist es ähnlich. Richten Sie Ihre Gedanken auf Vermehrung aus, machen Sie sich am besten Notizen, damit Sie in Ihrem Bewusstsein und Unterbewusstsein diese Vermehrung gestalten und bejahen. Was Sie aussenden, kehrt auch hier zu Ihnen zurück. Strahlen Sie Reichtum und Erfolg aus. Unterhalten Sie sich mit anderen, dann wird diese Ausstrahlung Ihren Gesprächspartnern auch Reichtum und Erfolg signalisieren. Deren Unterbewusstsein nimmt diese Signale auf und es wird in ihnen der Wunsch wach werden, mit Ihnen geschäftlich zusammenzuarbeiten. Sie wirken durch Ihre Ausstrahlung quasi wie ein Magnet auf andere erfolgreiche Menschen. Sie ziehen neue Geschäftspartner, Kunden und Freunde regelrecht an.

Es ist nicht möglich, erst etwas erhalten zu wollen und sich dann zu entscheiden, was man dafür bereit ist zu leisten. Sie müssen immer von sich aus etwas tun und darauf vertrauen, dass Sie den Lohn dafür erhalten werden. Sie riskieren damit natürlich, den einen oder anderen Misserfolg zu erleiden, aber wollen Sie nur »auf Nummer sicher spielen«, wird Ihr Leben keine beachtlichen Erfolge ausweisen. Alle besonders erfolgreichen Menschen sind am Anfang ihrer Karriere ein gewisses Risiko eingegangen. Sie investierten eine Menge Zeit und Energie und sehr oft auch ihr letztes Geld für bestimmte Dinge. Weil sie sich nicht durch die möglichen Risiken von ihren Zielen abbringen ließen, sondern Gelegenheiten nutzten, wurden sie erfolgreich. Die meisten von ihnen mussten zwar auch viele Fehlschläge hinnehmen, sie machten aber weiter und ließen sich dadurch nicht von ihrem Weg abbringen. Im Gegensatz zu den meisten anderen Menschen betrachteten sie jeden Fehlschlag als einen weiteren Schritt, der sie in Richtung der funktionierenden Lösung bringen wird.

Wichtig: Wenn Sie Geld an eine Organisation oder einen Menschen verschenken, dann tun Sie dies auf gar keinen Fall mit dem Gedanken, dass es Ihre Pflicht im Leben zu sein scheint oder weil Sie sich durch diese Gaben einen Vorteil erhoffen, sondern ausschließlich in dem Glauben, dass Sie damit zum Wohlergehen des oder der anderen beitragen. Sie vermeiden so früher oder später auftretende Gewissenskonflikte, bereichern auch sich selbst und erhalten einen neuen Motivations- und Energieschub für weitere Geschäfte und Investitionen.

Ebenfalls wichtig: Was beim Erhalten von Komplimenten gilt, ist auch beim Empfangen von Geschenken von großer Bedeutung: Macht Ihnen jemand ein (Geld-)Geschenk, dann sagen Sie nicht – wie allgemein üblich: »Das wär doch nicht nötig gewesen«, sondern nehmen Sie es und bedanken Sie sich dafür. Einzige Ausnahme: Sie merken, dass der »Schenker« versucht, Sie mit seinem Geschenk zu kaufen oder aus dem Geschenk würden sich bestimmte Verpflichtungen ergeben. Dann lehnen Sie die Annahme lieber ab.

Möchten Sie reich werden oder in einer anderen Richtung große Erfolge erzielen, ist Selbstdisziplin einer der wichtigsten Faktoren, wenn nicht sogar der wichtigste. Auf den Weg zur finanziellen Freiheit angewandt, bedeutet Selbstdisziplin: *Bezahlen Sie sich immer selbst zuerst.*

Konkret bedeutet das, dass Sie sich disziplinieren müssen, gleich am Anfang jedes Monats von Ihrem Lohn/Gehalt bzw. Ihren Einnahmen aus der selbstständigen Tätigkeit einen bestimmten Betrag, zum Beispiel zehn Prozent, in den »Topf« für Ihren Vermögensaufbau einzuzahlen. Es bringt nichts, damit bis zum Ende des Monats zu warten und dann das einzahlen zu wollen, was noch übrig geblieben ist, nachdem Sie alle Ihre finanziellen Verpflichtungen beglichen haben, sprich, nachdem Sie die anderen bezahlt haben. Am Monatsende wird nämlich so gut wie nie etwas übrig bleiben und erst recht nicht der Betrag, den Sie eigentlich einzahlen wollten. Zahlen Sie jedoch sofort am Monatsanfang die beispielsweisen zehn Prozent Ihres Einkommens ein, haben Sie sich selbst zuerst bezahlt und können nicht in Versuchung geführt werden, dieses Geld für etwas anderes auszugeben. Schon nach ein paar Monaten werden Sie feststellen, dass Sie mit neunzig Prozent Ihres Einkommens genauso gut zurechtkommen wie mit den ganzen einhundert Prozent. Bleiben Sie aber trotzdem diszipliniert und nehmen Sie nach Möglichkeit nur kleine Verbraucherkredite auf, sodass Sie sich nicht zu stark verschulden. Sollten Sie einmal knapp bei Kasse sein, dann greifen Sie nicht gleich auf Ihre Ersparnisse zurück oder verkaufen überstürzt ein paar Ihrer Aktien, sondern lassen Sie den Druck ruhig etwas »wirken«. Er wird Ihre Inspiration beflügeln und neue Möglichkeiten zum Gelderdienen hervorbringen.

Eine gute Möglichkeit, Ihre finanzielle Intelligenz zu trainieren, besteht auch darin, einen Konsumwunsch nicht von Ihrem normalen Einkommen oder Ihren Ersparnissen zu kaufen oder gar einen Kleinkredit aufzunehmen, sondern nachzudenken, wie Sie das benötigte Geld zusätzlich verdienen können.

Auf Ihrem Weg zum Erfolg werden Sie ab und zu auch an Menschen geraten, die Ihnen Vorschläge unterbreiten und auf ein schnelles »Ja« von Ihnen drängen. *Begegnen Sie Angeboten, die eine sofortige Entscheidung verlangen, grundsätzlich mit einer klaren Absage.* Angebote, für deren eingehende Überprüfung Ihnen keine Zeit gelassen wird, sind immer unseriös und dienen dazu, jemanden zu übervorteilen. Werden Sie also gedrängt, eine Ware oder Dienstleistung sofort zu kaufen oder eine Bestellung oder einen Vertrag sofort zu unterschreiben, dann sollten bei Ihnen die »Alarmglocken« läuten, denn hier sind immer »Abzocker« am Werk.

Achten Sie andererseits aber darauf, dass Sie sich aufgrund Ihrer Vorsicht nicht zu einem »chronischen« Neinsager entwickeln. Sie könnten sonst viele wirklich gute Chancen in Ihrem Leben verschenken. Es kommt darauf an, jedes verlockende Angebot eingehend zu überprüfen und sich über die Konsequenzen des Kaufes oder Abschlusses im Klaren zu sein. Nehmen Sie sich diese Bedenkzeit, sodass Ihre Entscheidung eine *wohlüberlegte* Entscheidung ist. Haben Sie nach reiflichem Überlegen eine Entscheidung getroffen, dann handeln Sie aber auch danach und zaudern Sie nicht erst noch ewig.

Bauen Sie Ihr Netzwerk aus. Sicherlich haben Sie schon einmal den ironischen Spruch gehört: »Beziehungen schaden nur dem, der keine hat.« An diesem Spruch ist allerdings sehr viel Wahrheit. Ein Beziehungsnetzwerk ist in Sachen Karriere und Reichtum von großer Bedeutung. Sie müssen schließlich die richtigen Leute kennen, um an die Spitze zu kommen.

Der Aufbau eines Netzwerkes funktioniert nur nach dem Gesetz vom Säen und Ernten. Wollen Sie von den anderen mehr als Sie selbst bereit sind zu geben oder zuerst etwas haben, bevor Sie selbst geben, werden Sie höchstens kurzzeitige Beziehungen aufbauen. Fragen Sie sich daher bei der Auswahl der Personen für Ihr Netzwerk nicht, was diese für Sie tun kann, sondern, was Sie für die betreffende Person tun können. Erst, wenn Ihr Netzwerk einen großen Umfang angenommen hat, sollten Sie es wieder soweit verkleinern, dass es nur noch aus den Leuten besteht, die Ihnen helfen, Ihren Einflussbereich zu erweitern. Der Grund besteht darin, dass Sie für die Pflege Ihrer Beziehungen auch entsprechend Zeit einplanen müssen. Erforderlich sind Treffen oder/und Telefongespräche zumindest einmal im Monat mit jeder Person. Ab einer bestimmten Anzahl von Personen werden Sie feststellen, dass Sie diese Zeit einfach nicht mehr zur Verfügung haben. Dann ist es notwendig, die Personen »auszusieben«, die Ihrer Karriere förderlich sind.

Speziell am Anfang ist der Aufbau eines Netzwerkes schwierig. Kontakte können Sie aufbauen, indem Sie anderen Ihre Hilfe anbieten und sich für einen erwiesenen Gefallen bedanken und diesen Kontakt dann weiterhin pflegen. Suchen Sie gezielt nach Mitgliedern für Ihr Netzwerk, die Ihnen bei einer Beförderung behilflich sein könnten. Aber denken Sie daran: Zuerst sollten (und müssen) Sie für diese Person etwas Herausragendes tun, bevor Sie mit deren Unterstützung rechnen können.

Wenn Sie Ihr Netzwerk aufbauen möchten (und auch später), achten Sie unbedingt darauf, dass Sie immer mehr geben, als Sie nehmen. Hat Ihnen ein Mitglied Ihres Netzwerkes (oder auch eine andere Person) einen nützlichen Dienst erwiesen, dann zeigen Sie sich spendabel. Spendieren Sie mindestens ein gutes Essen, machen Sie ein Geschenk oder tun Sie dieser Person Ihrerseits einen Gefallen. Zeigen Sie in so einem Fall keine Wertschätzung, dann kann dies schnell der letzte Dienst gewesen sein, den Sie erhalten haben. Denn in Ihrem Netzwerk spricht es sich natürlich auch herum, wie Sie auf einen erwiesenen Dienst reagieren. Auch, wenn Sie beruflich eine hohe Machtposition innehaben, sollten Sie diese nicht auf Ihr Netzwerk übertragen. Es wird Ihnen wesentlich mehr bringen, wenn in diesem alle Mitglieder die gleichen Rechte haben.

Wie zuvor schon kurz angedeutet, lebt Ihr Netzwerk von der Kontaktpflege. Notieren Sie sich daher, wenn Sie eine neue Person kennen lernen und später wieder mit ihr in Kontakt kommen, alle wichtigen Daten auf einer Karteikarte. Sie haben so immer auch einen »Aufhänger«, um Ihre Kontakte zu pflegen. Besonders leicht sind Anrufe zum Geburtstag der betreffenden Person, gratulieren Sie zu einer Beförderung oder machen Sie auf Dienstreisen einen kleinen Abstecher auf eine Tasse Kaffee und etwas Smalltalk.

Zu wichtigen Ereignissen im Leben eines Ihrer Netzwerkmitglieder sollten Sie immer erscheinen, selbst, wenn es dort von Gästen nur so wimmelt. Er wird auch unter hundert Menschen herausfinden, ob Sie anwesend waren.

Wichtig natürlich auch: Haben Sie erfahren, dass es einem Mitglied aus Ihrem Netzwerk schlecht geht, rufen Sie es an und bieten Sie Ihre Hilfe an.

Es ist eine Tatsache, dass fast alle Arbeitgeber ihren Arbeitnehmern gerade so viel zahlen, dass diese nicht kündigen. Die Arbeitnehmer ihrerseits arbeiten nur so viel, dass sie nicht entlassen werden. So verdienen die meisten Menschen viel weniger als sie könnten, wenn sie ihre Talente und Fähigkeiten richtig umsetzen würden. Ihnen fehlt das Wissen, wie sie sich selbst am teuersten verkaufen. Viele nehmen zwar an Weiterbildungskursen teil und/oder widmen sich dem Selbststudium und verbessern so ihre Fähigkeiten, aber sie lernen nichts über *Eigenmarketing*, dass heißt, wie sie ihre Fähigkeiten auf dem Arbeitsmarkt gewinnbringender verkaufen. Erweitern Sie daher Ihr Wissen über Verkauf und Marketing Ihrer eigenen Arbeitskraft. Hierbei geht es speziell um Kommunikation. Wer überzeugend reden, schreiben und verhandeln kann, wird auch sehr großen persönlichen Erfolg haben. Im Gegensatz zu fast allen anderen Aufgaben kann Ihnen diese Tätigkeit niemand abnehmen. Im persönlichen Vorstellungsgespräch beim Chef oder sogar vor einer Gruppe aus der Personalabteilung des Unternehmens, bei dem Sie sich um eine Anstellung beworben haben, müssen Sie selbst überzeugen. Oder anders gesagt, Sie müssen sich möglichst gut *verkaufen*.

»Klingeln gehört zum Handwerk«, sagt ein altes Sprichwort. Werbung ist aber nicht nur notwendig, wenn Sie eine eigene Firma besitzen und für Ihre Produkte oder Dienstleistungen werben möchten, sondern auch, wenn Sie sich bei einem Unternehmen um eine Anstellung bewerben. Viele Menschen sind fachlich hervorragend qualifiziert, wissen aber nicht, wie man sich selbst am besten verkauft. Ihre Bewerbungsschreiben sind nur kurz gehalten und im Vorstellungsgespräch machen sie sich selbst »kleiner«, als sie sind. Dabei ist ein sorgfältig vorbereitetes Bewerbungsschreiben und Vorstellungsgespräch für den persönlichen Erfolg von großer Bedeutung. Die Zeit, die in diese Vorbereitungen gesteckt wird, macht sich in jedem Fall mehr als bezahlt und erspart Ihnen mitunter Jahre mühevollen Hocharbeitens. Der Grund ist ganz einfach: Je besser Sie zum Ausdruck bringen, warum gerade *Sie* für die zu besetzende Stelle geeignet sind und die geforderten Bedingungen erfüllen, desto größer sind Ihre Chancen, den begehrten Posten zu erhalten. Andere Bewerber für diesen Arbeitsplatz (also Ihre Konkurrenten!), die sich nicht so gut anpreisen, geraten dadurch zwangsläufig ins Hintertreffen. Da für hoch bezahlte Jobs meist unter mehreren Bewerbern ausgesucht wird, ist es von entscheidender Bedeutung, Ihren Chef am besten schon mit Ihrer schriftlichen Bewerbung davon zu überzeugen, dass Sie genau der Mann (bzw. die Frau) sind, den (bzw. die) er gesucht hat. Es ist sogar möglich, dass Sie aufgrund Ihres ausführlichen Eigenmarketings gleich zu Beginn einen höheren Posten erhalten als den, für den Sie sich eigentlich beworben haben. Übertriebene Bescheidenheit ist in Sachen Bewerbung daher fehl am Platz. Wuchern Sie lieber mit Ihren »Pfunden«, das heißt, bringen Sie das, was Sie wissen, Ihre Talente und Erfahrungen auch zum Ausdruck und schildern Sie auch, wie Sie Ihre Aufgaben im Unternehmen zu erfüllen gedenken. Bringen Sie alle Fakten und Argumente in Ihr Bewerbungsgespräch ein, die Ihr Anliegen unterstützen. Notieren Sie sich als Vorbereitung auf ein Einstellungsgespräch am besten auf ein Blatt Papier in Stichpunkten alles, was Sie vorbringen möchten. An erster Stelle sollten dabei die Gründe stehen, weshalb gerade Sie für den ausgeschriebenen Posten besonders geeignet sind. Dann führen Sie auf, was Sie an bisherigen Leistungen vorzuweisen haben, quasi als Beweis, dass hinter Ihren Worten auch die entsprechenden Taten stehen und Ihr Gesagtes nicht nur »lauwarme Luft« ist, um den begehrten Posten zu bekommen.

Denken Sie immer daran, dass es bei dem »Wettkampf« um einen begehrten Posten keinen Zweit- und Drittplatzierten gibt, sondern immer nur *einen* Sieger. Es ist, wie die Gruppe ABBA vor Jahren in ihrem gleichnamigen Hit sang: »The Winner takes it all«.

Sehr viel hängt auch vom ersten Eindruck ab, den Sie hinterlassen. Ein Sprichwort sagt deshalb auch: »Für den ersten Eindruck gibt es keine zweite Chance«. Achten Sie deshalb auch darauf, im passenden Outfit zum Vorstellungsgespräch zu erscheinen und auf einen gepflegten Sprachstil.

Begegnen wir einem Menschen das erste Mal, entscheiden bereits die ersten paar Minuten, ob wir ihn sympathisch finden oder nicht. Ist der erste Eindruck, den wir von ihm haben positiv, hören wir ihm weiter zu, ist er negativ, sind wir geneigt, das Gespräch möglichst rasch zu beenden und auch kein weiteres Treffen zu vereinbaren.

Hinterlassen Sie keinen vorteilhaften ersten Eindruck, wird es später sehr viel schwieriger, hier noch »Punkte« aufzuholen. Da Sie nur einmal zum Vorstellungsgespräch eingeladen werden, dürfte auf Sie dann eher der zweite Teil des oben genannten Sprichwortes zutreffen, nämlich, dass Sie keine zweite Chance erhalten und alles vorbei ist.

Die meisten Stellenbewerber planen Ihr Vorstellungsgespräch möglichst kurz ein, da sie es möglichst schnell hinter sich bringen wollen. Hier spielt natürlich das Selbstbewusstsein eine bedeutende Rolle. Bei wem das Selbstvertrauen noch zu wünschen übrig lässt, der ist im Vorstellungsgespräch vor allem damit beschäftigt, das Gespräch möglichst rasch zu Ende zu bringen. Er präsentiert sich selbst nicht ausgiebig und antwortet auf die gestellten Fragen nur mit dem Nötigsten.

Da ein ausgeprägtes Selbstvertrauen also sehr wichtig ist, wenn man an einen begehrten und sehr gut bezahlten Posten kommen möchte, nachfolgend ein paar Tipps, wie sich Selbstvertrauen steigern lässt.

Läuft alles bestens, dann ist man meist schon dadurch sehr motiviert. Die Herausforderung besteht vielmehr darin, sich auch dann ausreichend zu motivieren, wenn es Schwierigkeiten und Niederlagen gibt. Gut für den persönlichen Ansporn ist wiederum ein Ziel, dass Sie erreichen möchten. Wählen Sie Ihr Ziel aber immer so aus, dass es auch erreichbar bleibt. Es bringt beispielsweise wenig, wenn Sie sich vornehmen in den nächsten drei Monaten fünfzehn Kilo abzunehmen oder in dreißig Jahren ein eigenes Haus besitzen zu wollen. Diese Ziele sind so unrealistisch hoch gesteckt bzw. die Zielerreichung so weit entfernt, dass der Misserfolg bereits bei der Festlegung des Ziels vorprogrammiert ist. Sinnvoll wäre vielmehr ein Ziel von zwei Kilogramm nach zwei Monaten und nach weiteren zwei Monaten wiederum zwei Kilo abzunehmen, usw., bzw. das Sie sich als Ziel setzen, nach sieben Jahren 50.000 Euro für Ihr Haus angespart zu haben und nach weiteren sieben Jahren wiederum 50.000 Euro. Die Wahrscheinlichkeit, diese Zwischenziele zu erreichen, ist sehr groß und der Zeitraum dafür relativ kurz, sodass sich die erhofften Motivationsschübe rasch einstellen.

Verpflichtungen, die Sie eingehen, stärken ebenfalls Ihr Selbstbewusstsein. Ausreden dagegen, die Sie benutzen, um keine Verpflichtung eingehen zu müssen, wirken demotivierend und ziehen Ihr Selbstbewusstsein nach unten. Befreien Sie sich daher aus dem »Strudel« der Ausreden.

Fühlen Sie sich einmal nicht so besonders, dann hilft folgende Methode: Nehmen Sie den Kopf hoch, Brust raus, richten Sie Ihren Blick geradeaus, laufen Sie mit dynamischem Gang und sagen Sie sich: »Mir geht es gut, ich bin ein Gewinner«. Schon nach kurzer Zeit werden Sie spüren, wie sich Ihre Stimmung merklich bessert. Steigern lässt sich das Ganze noch, indem Sie oben genannte Übung durchführen und dabei lächeln.

Übertriebene Bemerkungen von anderen können dem Selbstwertgefühl einen derben Schlag versetzen. Neigen Sie dann noch dazu, Vergleiche mit anderen anzustellen, denen scheinbar alles perfekt gelingt, können Sie schnell in Minderwertigkeitskomplexe verfallen. Nehmen Sie daher Äußerungen, wie: »Du immer, mit deinen dämlichen Ideen« (Ihre Ideen sind also *immer* dämlich) oder »War ja klar, dass das schief geht, wenn du es in die Hand nimmst« (also *alles*, was Sie in die Hand nehmen, geht schief) und dergleichen nicht zu persönlich. Es sind eindeutig überspitzte Bemerkungen. Lassen Sie derartige

Kommentare einfach an sich »abperlen«. Ebenso verfahren Sie mit versteckten Anspielungen auf Ihr Aussehen oder Ihre Intelligenz. Solche Spitzen führen sonst leicht dazu, dass man anfängt, sich mit den Augen der anderen zu sehen und sich bald selbst nicht mehr mag. Denken Sie lieber darüber nach, was an Ihnen besonders gut geraten ist oder welche besondere Fähigkeit Sie haben. Betonen Sie diesen Körperteil dann bzw. nutzen Sie die entdeckte Fähigkeit. Wenn die Anspielungen (oder gar das Mobbing) nicht aufhören, ist ein Wechsel des Arbeitsplatzes meist die beste Lösung. Dort kann man dann quasi noch einmal neu anfangen und gleich von Anfang an richtig reagieren.

Des Weiteren ist in Sachen Selbstmotivation die Angst eines der größten Hindernisse. Unterscheiden muss man allerdings zwischen dem Angstgefühl, dass uns vor Gefahren schützt und der negativen Seite der Angst, die uns daran hindert, erfolgreich zu sein. Eine bewährte Methode aus der Praxis des NLP, seine (zerstörerische) Angst zu besiegen, lautet: Tue, was du fürchtest, immer und immer wieder und die Angst wird dich verlassen. In der Psychologie nennt man das systematische Desensibilisierung.

Sehr vorteilhaft ist auch Schlagfertigkeit. Von Geburt an schlagfertig sind allerdings nur wenige. Den Meisten fällt gerade in dem Augenblick, in dem sie so dringend einen passenden Satz gebraucht hätten, nichts ein. Einige Minuten später weiß man dann aber, was man hätte sagen sollen. Man ärgert sich nun doppelt. Auch hier gibt es wieder die gute Nachricht: Schlagfertigkeit kann man lernen. Nachfolgend ein paar Tipps, damit Sie auf peinliche Situationen, gehässige Angriffe und aufdringliche Fragen demnächst schlagfertig reagieren können.

Schlagfertigkeit lebt vom Überraschungseffekt. Es kommt darauf an, in einer bestimmten Situation schnell zu reagieren. Langes Nachdenken, was Sie sagen könnten und abwägen, ob

Sie dies tatsächlich auch sagen, ist nicht möglich. Dies würde eher dazu führen, dass man ins Stammeln gerät oder gar nichts herausbringt. Obendrein ist die Situation dann meist soweit fortgeschritten, dass die verspätete Antwort nicht mehr passen würde. Die Wirkung wäre verpufft oder gar peinlich.

Beim Training Ihrer Schlagfertigkeit kommt es schon auf eine gute Vorbereitung an. Nehmen Sie sich am besten einen Zettel und einen Stift und schreiben Sie auf, welche peinlichen, gehässigen oder aufdringlichen Situationen Sie schon ab und zu erlebt haben oder welche Ihnen in Zukunft noch passieren könnten. Notieren Sie sich diese auf der linken Seite des Blattes, sodass rechts Platz für die Antwort bleibt. Ergänzen Sie die Antworten im entsprechenden Feld, sobald Ihnen etwas Passendes dazu einfällt. Entweder Ihre eigenen Einfälle dazu oder auch Sprüche, die Sie irgendwann von anderen hören oder lesen. Schreiben Sie auch mehrere Antworten auf. Sie benötigen diese als Abwechslung, wenn Sie häufig mit denselben Menschen zu tun haben. Sie machen sich sonst zum Gespött der Leute, wenn Ihre Antwort auf eine Anspielung derer vorhersagbar ist. Standardsprüche sind also out.

Für das Training der Schlagfertigkeit gilt, wie für jedes Training: Große Erfolge sind nur möglich, wenn regelmäßig und richtig trainiert wird.

Die besten Sprüche nützen allerdings nichts, wenn einem in der entsprechenden Situation der Hals wie zugeschnürt ist. Die Ursache hierfür ist die Stresssituation, in die wir geraten, wenn wir überrumpelt werden. Wir sind dann zu keinem vernünftigen Gedanken mehr fähig, verkrampfen und uns bleibt schier die Luft weg. Haben wir uns dann wieder gefangen, klingt unsere Stimme meist trocken und dünn. Eine derartige Blockade lässt sich stark abschwächen oder sogar verhindern, wenn man versucht »cool« zu bleiben. Versuchen Sie deshalb, wenn Sie das nächste Mal mit Worten überrumpelt werden, gelassen zu bleiben. Suchen Sie nicht krampfhaft nach einer geeigneten Antwort und vermeiden Sie anschließend Selbstvorwürfe. Wichtig auch: Lassen Sie sich nach einer solchen Attacke nicht an die Wand oder in eine Ecke drängen oder weichen Sie gar selbst dorthin aus. Ergreifen Sie lieber die Initiative, nehmen Sie eine natürliche Haltung ein und gewinnen Sie Raum, anstatt sich, im wahrsten Sinne des Wortes, in die Ecke drängen zu lassen.

Des Weiteren von Bedeutung: Wer schlagfertig sein will, muss auch Mut zur Frechheit besitzen. Wer immer nur darauf bedacht ist, es sich mit niemandem zu »verscherzen«, wird von den anderen nie respektiert werden. Obendrein schadet es auch der Selbstachtung. Beachten Sie aber trotzdem immer, mit wem Sie es zu tun haben. Gegenüber Vorgesetzten und Personen, die Sie brauchen, sollten Sie einen eher sanften Gegenangriff starten.

Geraten Sie in einen Streit, halten Sie einen aufsteigenden Wutausbruch bei sich auf jeden Fall im Zaum. In Wut haben wir unsere Zunge nicht mehr unter Kontrolle und sagen schnell irgendwelche Worte, die wir später bitter bereuen. Ist Ihr Gesprächspartner in Rage, bringt es wenig, sich sofort zu rechtfertigen. Allerdings sollten Sie seinen Wutanfall auch nicht einfach »herunterschlucken«, da Sie dadurch an Respekt verlieren. Geben Sie ihm lieber etwas Zeit, sich abzureagieren, und machen Sie dann Aussagen, die so sachlich wie möglich sind. Haben Sie einen Fehler gemacht, dann gestehen Sie diesen ohne Wenn und Aber ein und erklären Sie deutlich, wie Sie diesen wieder gutzumachen gedenken. Das entschärft die Situation und verschafft Ihnen Anerkennung.

Auch, wenn eventuelle beleidigende Äußerungen von Ihrem Chef kommen, sollten Sie diese allerdings nicht in jedem Falle »überhören«. Werden Sie durch die Äußerungen in Ihrer Würde angegriffen, müssen Sie einschreiten. Sagen Sie beispielsweise deutlich: »Das war eben eine Beleidigung.« Oder auch noch schärfer: »Das war eben eine Beleidigung. Dafür verlange ich von Ihnen eine Entschuldigung.« Entschuldigt er sich nicht, beenden Sie das Gespräch einfach und gehen – eventuell mit den Worten: »Wenn Sie es sich vielleicht doch anders überlegt haben, können sie mich ja anrufen.«

In Sachen Schlagfertigkeit unbedingt beachten: Zur Schlagfertigkeit gehört auch ein gewisses Maß Selbstironie.

Von besonderer Bedeutung ist beim Eigenmarketing Ihr Bekanntheitsgrad. Je bekannter Sie sind, desto mehr Leute werden Sie beachten. Automobilverkäufern und Versicherungsvertretern wird in ihren Schulungen immer gesagt: »Sie müssen in ihrem Verkaufsgebiet bekannt sein wie ein bunter Hund. Wenn die Leute an den Kauf eines neuen Autos denken (bzw. an den Abschluss einer Versicherung), muss ihnen sofort ihr Name einfallen«. Sorgen Sie also dafür, dass Sie in der für Ihren Aufstieg notwendigen Zielgruppe bekannt werden (natürlich in positiver Weise).

> Um neue Möglichkeiten zu schaffen, ist es notwendig,
> sich von Menschen und Dingen zu trennen, die einen
> in seiner Entfaltung nur behindern.
> Auch sollte man sich sowohl von denen verabschieden,
> die sich selbst nicht verbessern wollen,
> als auch von denen, die der neuen Entwicklung
> nicht folgen wollen.
>
> *Chao-Hsiu Chen*

Wie wichtig es ist, dass Sie bei der *Auswahl Ihrer Freunde* darauf achten, dass diese Sie positiv beeinflussen und motivieren, wurde weiter vorn schon beschrieben. Genauso wichtig ist es, Ihre Freunde nicht nur ihres Geldes wegen auszuwählen. Richten Sie Ihr Augenmerk vielmehr darauf, ob Sie von ihnen lernen können oder nicht. Generell kann man von den Reichen und den weniger Wohlhabenden lernen. Bei den Reichen geht es in Gesprächen zwar oft um Geld, dies hat bei den *wirklich* Reichen aber meist nichts mit Angeberei zu tun, sondern sie reden einfach gern über Geld und Geldverdienen, weil es Ihr Interessengebiet ist. Ähnlich einem Formel-1-Fan, der gern über Autorennen redet oder einem Segelflugzeug-Piloten, der gern übers Segelfliegen erzählt. Von den Leuten mit viel Geld können Sie auch viel über Geld und lukrative Geschäfte lernen und aus den Gesprächen mit den relativ Armen lässt sich in Erfahrung bringen, was nicht funktioniert und was Sie lieber lassen sollten.

Wichtig bei den Gesprächen mit den weniger Begüterten: Arme Leute haben fast alle auch keine gute Einstellung zum Geld. Sie interessieren sich kaum für Investitionen und betrachten Reichtum als etwas Schlechtes. In Sachen Finanzen sind sie ängstlich und können einem meist nur erzählen, warum etwas nicht funktioniert oder funktionieren wird. Werden Sie gegen dieses Denken immun!

Verdrängen Sie Ihre Selbstzweifel (»Dafür bin ich nicht gut genug«, »Das können andere viel besser als ich«, u. Ä.) *und gehen Sie Pessimisten und Zweiflern aus dem Weg*. Deren Aussagen, wie: »Das schaffst du sowieso nicht«, »Wenn es wirklich so gewinnversprechend wäre, hätten es schon längst andere versucht« und dergleichen, demotivieren Sie nur, ziehen Ihr Selbstwertgefühl nach unten und bringen Sie von Ihren großen Zielen ab.

Gedanken und Aussagen, oft genug im Geiste wiederholt, führen zu einer Autosuggestion. Allerdings gilt das für positive, motivierende Gedanken und Aussagen genauso, wie für negative, demotivierende.

Selbstzweifel und die von den anderen gemachten Negativ-Formulierungen stimmen Sie im Laufe der Zeit destruktiv, was letztendlich dazu führt, dass Sie von Ihren Zielen abweichen oder sie ganz sein lassen. Dies führt des Weiteren dazu, dass Sie auch andere Erfolg versprechende Gelegenheiten an sich vorbei ziehen lassen bzw. nicht erkennen. Durch die negativen, zersetzenden Gedanken werden Sie gewissermaßen blind für Gelegenheiten. Vermeiden Sie daher Gespräche mit permanenten Nörglern und Schwarzmalern bzw. trennen Sie sich rigoros von ihnen und halten Sie an Ihren Zielen fest. Sie werden so Möglichkeiten sehen, die die anderen nicht entdeckten oder versäumten.

> Niemand wird weise geboren, kein großer Plan
> schnell verwirklicht.
> Alles bedarf der Zeit, um zur Vollendung zu gelangen.
> Tritt der Erfolg nicht frühzeitig ein,
> ist das ein Grund zur Freude.
>
> *Chao-Hsiu Chen*

Haben Sie ernsthaft beschlossen, reich zu werden, dann ist es am Anfang zunächst unerlässlich, die erste *Investition in die eigene Bildung* zu machen. Wie in den vorangegangenen Abschnitten schon dargelegt, ist Ihr Verstand das wichtigste Werkzeug auf dem Weg zur finanziellen Unabhängigkeit.

Es gibt in der Zwischenzeit schon viele Bücher und Audiokassetten über Finanzen. Auch führen verschiedene Trainer Seminare durch, in denen sie wichtige Grundlagen und Tipps für den Vermögensaufbau preisgeben. Die Menschen haben aber meist kein Geld für diese Bücher, Audiokassetten und Seminare, geben allerdings für Musik-CDs, Videos, Computerspiele, Konzertbesuche, teure Markenware und ihren Urlaub entsprechende Beträge ohne großes Zögern aus. Tatsache ist jedoch: Die mit diesem Geld gekauften relativ kleinen Freuden sind schnell wieder vorbei, das Geld aber meist unwiederbringlich verloren. Das in Bücher, Audiokassetten und Seminare investierte Geld dagegen erhält man oft verhundert- oder vertausendfacht zurück, wenn man das darin enthaltene Wissen entsprechend anwendet. Des Weiteren kaufen Sie sich mit den Büchern und Kursen auch Lebenszeit und diese sogar im doppelten Sinn. Denn: Zum einen sparen Sie durch das darin enthaltene Wissen jahrelange eigene Lebenserfahrungen und zum anderen haben Sie mehr Freizeit, weil Sie aufgrund dieses Wissens weniger arbeiten müssen. Hinzu kommt noch, dass Sie weniger finanzielle Verluste erleiden werden, da Sie aus den geschilderten Fehlern rechtzeitig lernen können.

Neben dem Wissen über Finanzen sollten Sie Ihr Fachwissen ständig vervollkommnen. Die Bedeutung liegt hier wohlgemerkt auf *Fach*wissen. Ihre Allgemeinbildung aus der Schule, sollten Sie auch noch so gut gelernt haben, ist, wenn es darum geht, Reichtum zu erlangen, nur von geringem Nutzen. Es stärkt zwar das Selbstbewusstsein und trainiert das Gehirn, bringt aber im späteren Leben kein Geld ein. Auch der an den Lehranstalten oft gepredigte Satz: »Wissen ist Macht« stimmt im Allgemeinen nicht. Bloßes Wissen allein verhilft niemandem zu Erfolg und Reichtum, dass beweisen die zahllosen Akademiker, die in gewöhnlichen Angestelltenverhältnissen tätig sind oder trotz ihrer hohen Bildung arbeitslos sind. Nur durch das Anwenden der Kenntnisse und Fähigkeiten nach einem bestimmten Plan ist außergewöhnlicher Erfolg möglich. Es ist zwar ein gewisses Fachwissen notwendig, um besondere Leistungen hervorzubringen, man muss aber nicht alles selbst wissen. Es genügt völlig, wenn man weiß, wo und wie man an das erforderliche Wissen gelangt, dass man für die Verwirklichung seiner Ziele benötigt. Ein Spruch lautet deshalb auch: »Wissen heißt, wissen, wo es steht«. Der amerikanische Automobilbauer Henry Ford hat dies sehr gut bewiesen. Seine schulische Bildung war nur sehr dürftig, trotzdem stieg er zum damals größten Automobilproduzenten der Welt auf. Seine Stärke war es, Leute in sein Unternehmen einzustellen, die all das wussten, was er für die Entwicklung, Produktion und Vermarktung seiner Automobile brauchte.

Ganz ohne Fachwissen geht es allerdings nicht. Schließlich sind umfangreiche Spezialkenntnisse von sehr großem Vorteil, wenn es darum geht, Dienstleistungen und Waren auszuwählen, mit denen man zu großem Wohlstand gelangen will. Hat man sich die benötigten Spezialkenntnisse angeeignet, ist es erforderlich, diese sofort anzuwenden.

Spezialisten auf einem Gebiet werden heute mehr denn je auch von Unternehmen gesucht. Man muss sich also nicht unbedingt selbstständig machen, um sehr gut zu verdienen. Es ist daher ein Trugschluss, zu glauben, nach dem Abschluss der Schule und der Berufsausbildung ist mit dem Lernen ein für alle Mal Schluss. Für alle, die im Leben erfolgreich werden wollen, ist genau das Gegenteil der Fall. In der Schule wurden lediglich die Interessen jedes Einzelnen geweckt und die Richtung gezeigt oder gewählt, die eingeschlagen werden muss. Mit der Berufsausbildung erlangt jeder wiederum meist nur eine allgemeine Ausbildung in dem gewählten Beruf. Die Kenntnisse, die einem zum Spezialisten auf einem bestimmten Gebiet machen, muss man sich erst noch im Anschluss an die Berufsausbildung oder auch des Studiums aneignen.

Wichtig dabei: Zum Lernen ist es nie zu spät. Selbst, wenn Ihre Berufsausbildung oder Ihr Studium schon Jahre zurückliegt, gibt es diverse Weiterbildungsmöglichkeiten, die oft sogar vom Arbeitsamt finanziell unterstützt werden. Gefragt sind auch hier Eigeninitiative und Ehrgeiz. Allein schon durch Ihre Weiterbildung werden Sie Ihrem Arbeitgeber auffallen und er wird Sie bei der Besetzung eines höheren Postens in seinem Unternehmen berücksichtigen.

Scheuen Sie sich aber auch nicht davor, einen völlig neuen Beruf auszuüben, wenn Sie im Laufe der Jahre festgestellt haben, dass Ihnen Ihr derzeitiger Beruf keine Freude mehr macht bzw. noch nie Freude gemacht hat. Auch, wenn es etwas Mut und Mühe kostet, Ihre »eingefahrenen Gleise« zu verlassen, ist es doch besser für Sie, lieber eine völlig neue Richtung einzuschlagen als bis zur Rente in einer untergeordneten Stellung und in einem wenig Spaß machenden Job tätig zu bleiben.

Besonders gefragt von den großen Unternehmen sind allerdings Menschen, die sich als zukünftige Führungskraft eignen. Zu den Qualitäten einer Führungskraft zählt dabei weniger die fachliche Kompetenz, sondern vielmehr der Charakter und die Persönlichkeit des Bewerbers.

Oft haben Menschen, die wir für überaus begabt und schöpferisch halten, in bestimmten Situationen lediglich auf ihre Intuition und ihre kreative Vorstellungskraft gehört. Sie folgten einfach ihrer inneren Stimme, anstatt diese schöpferische Kraft – wie die meisten von uns – zu ersticken. *Haben Sie* daher *mehr Mut und Vertrauen in Ihre Intuition.*

Im Duden wird Intuition mit »Eingebung, ahnendes Erfassen, unmittelbare Erkenntnis (ohne Nachdenken)« erklärt. Intuition hat also nichts mit logischem Nachdenken zu tun, bevor man handelt, sondern derartige Gedankenblitze weisen oft nur den Weg, überlassen es jedoch einem selbst, ob man diese Eingebungen aufgreift oder sie ignoriert. Sehr erfolgreiche Menschen haben ihr Selbstvertrauen und ihren Glauben in ihre innere Stimme soweit ausgebaut, dass sie ihr meist folgen, ohne groß darüber nachzudenken. Sie sagen dazu, sie treffen viele Entscheidungen »aus dem Bauch heraus«.

Wichtig: Um schöpferische Eingebungen zu erhalten, muss

man seinem Körper und Geist eine Ruhephase gönnen. Das Bewusstsein muss frei von den alltäglichen Gedanken sein, die einem durch den Kopf »schwirren«. Intuition ist, wie oben schon erwähnt, nichts Erklärendes, sondern weist nur den Weg. In Ihren Eingebungen werden Sie also keine logischen Anhaltspunkte erhalten.

Intuition hat auch etwas Mystisches an sich, denn durch diese Eingebungen werden sich Ihnen Dinge enthüllen, über die Sie nicht erst angestrengt nachdenken müssen. Alles, woran Sie interessiert und mit Aufmerksamkeit denken, wird Ihnen im Laufe der Zeit viele Geheimnisse ganz von selbst preisgeben. Es ist quasi so: Alles, was Sie kennen lernen wollen, will auch Sie kennen lernen. Seien Sie bei diesem Kennenlernen aber auf Überraschungen gefasst. Die Lösungen Ihrer Aufgaben stellen sich nämlich meist nicht auf den von Ihnen erwarteten Wegen ein, sondern meist auf ausschweifenden Umwegen und obendrein, wenn Sie es am wenigsten erwarten. Sind Sie dann nicht für Überraschungen bereit oder reagieren nicht schnell genug, kann Ihr Glück schnell wieder vorüber sein. Diese Lösungen können aber nicht nur als Gedankenblitz in Ihren Geist treten, sondern auch als Tipp, den Sie in einem Buch oder in einer Zeitschrift lesen, als Worte, die Sie in einem Gespräch mit Bekannten oder Fremden hören oder auch durch Ereignisse um Sie herum. Gehen Sie daher immer mit »offenen« Ohren und Augen durch die Welt.

Trainieren können Sie Ihre schöpferische Vorstellungskraft, indem Sie am besten jeden Abend vor dem Schlafengehen Ihre Pläne für den kommenden Tag überdenken. Reiben Sie sich aber nicht an den Problemen auf, die eventuell bei der Lösung Ihrer Aufgaben auftreten können, sondern malen Sie sich den kommenden Tag so aus, wie Sie ihn gern sehen möchten. Sie stimmen Ihre Intuition so auf die Lösung der anstehenden Aufgaben ein. Beginnen Sie den nächsten Tag dann so, wie Sie sich ihn am Abend zuvor vorgestellt haben.

Sie programmieren Ihr Unterbewusstsein damit auf das Gelingen der Aufgaben, anstatt es mit Gedanken an mögliche Schwierigkeiten zu »verkleistern«.

> Seien Sie sich über Folgendes im Klaren:
> All Ihre Willensanstrengung, über ein Brett
> (als Steg zwischen zwei Türmen einer Kathedrale;
> Anmerkung des Autors) zu gehen, nützt Ihnen
> nichts. Wenn Sie sich vorstellen, dass Sie es nicht
> können, schaffen Sie es unter keinen Umständen.
>
> *Emile Coué*

Eine weitere bewährte Erfolgsmethode ist die *Autosuggestion*. Die Autosuggestion wurde vom französischen Apotheker und Psychotherapeuten Emile Coué entwickelt. Unter Autosuggestion versteht man die Selbstbeeinflussung, also ohne äußeren Anlass Vorstellungen in sich selbst zu wecken. Verschiedene Mediziner haben diese Methode weiterentwickelt. Psychotherapeuten heilen mit ihr Phobien, Zwangsvorstellungen und andere geistig seelische Störungen. Die Methode der Autosuggestion kann man aber auch zur Überwindung von Schüchternheit einsetzen und um erfolgreich zu werden. Bringen Sie einfach das, was Sie gern erreichen möchten, in eine einprägsame, gut formulierte Redewendung und wiederholen Sie diesen Leitsatz täglich sehr oft. Ihr Unterbewusstsein muss mit diesem Leitsatz förmlich überflutet werden, sodass es ihn als Zielanweisung auffasst und alle Kräfte auf die Verwirklichung mobilisiert. Ihr Denken und Ihr Handeln werden damit der Erreichung dieses Ziels untergeordnet.

> Was tun, wenn man in seinen Gefühlen verletzt wird?
> Man gebe sogleich heilenden Balsam auf die wunde
> Stelle. Vergebung ist die beste Medizin. Man muss
> seine Seele weit öffnen und allen Groll ausleeren.
> Man muss ihn ausschütten, bis keine Spur davon im
> Denken zurückbleibt. So werden die Wunden rasch verheilen.
>
> *Norman Vincent Peale*

Lernen Sie, zu vergeben. Auf Ihrem Weg zum Erfolg werden Ihnen Menschen begegnen, die mit den verschiedensten Mitteln versuchen werden, Sie von Ihrem Weg abzubringen. Trainieren Sie gleich von Anfang an, sich über deren Verhalten nicht aufzuregen oder dadurch entmutigen zu lassen. Betrachten Sie deren Versuche, Ihnen »Steine« in den Weg zu werfen lieber als Kompliment, da den anderen ganz offensichtlich aufgefallen ist, dass Sie erfolgreich werden. Anderenfalls brauchten diese nicht auf Sie neidisch zu sein und mit ihren Worten und Handlungen Versuche zu starten, Sie auf der Ebene der Mittelmäßigen festzuhalten. Fühlen Sie sich also geschmeichelt und lassen Sie Ihren Groll gegenüber diesen Personen los.

> Neid sieht nur das Blumenbeet,
> nie den Spaten.
>
> *Chinesisches Sprichwort*

Wichtig bei der Vergebung ist, dass Sie zuerst sich selbst vergeben. Vergeben Sie sich selbst alle früheren Fehler und Misserfolge. Erst dann sind Sie in der Lage, auch anderen Menschen zu vergeben, die Ihnen irgendeinen Schmerz zugefügt haben.

Der Akt der Vergebung ist ein völlig eigennütziger Vorgang. Indem Sie anderen vergeben, lösen Sie sich von Ihrem seelischen Schmerz und Ihrer Verbitterung, Sie fühlen sich befreit, werden zu innerer Ruhe und Erleichterung kommen und es wird eine automatische positive Reaktion Ihres Unterbewusstseins erfolgen. Sie haben den Kopf wieder frei für Gedanken an Ihren Erfolg.

Einem Menschen zu vergeben, bedeutet keinesfalls, dass Sie ihn anschließend sympathisch finden müssen oder eine Freundschaft eingehen sollen. Vergeben Sie ihm und lassen Sie ihn anschließend los. Das ist alles.

Loben Sie aufrichtig und zeigen Sie Dankbarkeit. Fast alle Menschen verbergen ihr wahres Ich hinter einer »Maske«. Auch, wenn es äußerlich nicht so aussieht, verzehrt sich selbst jeder noch so erfolgreiche Mensch danach, gelobt zu werden und nach Worten der Anerkennung und des Dankes.

Fällt es Ihnen noch schwer, jemanden zu loben oder sich zu bedanken, dann überlegen Sie sich bzw. schreiben Sie sich auf einen Zettel, wem Sie wofür danken könnten (oder besser: müssten). Die Krönung Ihrer Dankbarkeit besteht darin, sich zumindest innerlich für alles zu bedanken also nicht nur für das Gute, dass Ihnen widerfahren ist, sondern auch für die Fehlschläge, die Sie erlebt haben. Jeder außerordentlich erfolgreiche Mensch wird Ihnen nämlich bestätigen, dass er aus seinen Fehlschlägen mehr gelernt hat als aus seinen Erfolgen.

Wie Sie den Erfolg anziehen

> Das Gesetz der harmonischen Anziehung bedingt,
> dass Erfolg Erfolg anzieht und Misserfolg Misserfolg.
>
> *Napoleon Hill*

Erfolgreiche Menschen haben große Gedanken und strahlen Erfolg aus. Im Gegensatz zu den Kleindenkern, die meist den Weg des geringsten Widerstandes gehen und solchen Gedanken nachhängen, wie: »Der hat immer ein Glück«, »Wer als Cent geboren wurde, wird nie ein Euro«, »Die Welt ist brutal und grausam«, und dergleichen, vermeiden die Erfolgreichen Gedanken an Misserfolg und Begrenzungen. Sie wissen um das *Gesetz von Ausstrahlung und Anziehung* und wenden es bewusst an. Sie lenken ihr Denken auf Glück und finanzielle Unabhängigkeit und strahlen das aus, was sie im Leben ernten möchten.

Es ist allerdings nicht davon auszugehen, dass es ausreicht, groß zu denken und dies auszustrahlen. Entsprechende Taten müssen den Gedanken schon folgen. Handeln Sie entsprechend Ihrem mentalen Konzept, werden Sie aber feststellen, dass sich die notwendigen Maßnahmen, die Sie in Richtung Erreichung Ihrer Ziele führen, manchmal wie von selbst anbieten, ohne große Bemühungen Ihrerseits. Mit Ihrem Denken und Ihrer Ausstrahlung ziehen Sie gewissermaßen günstige Gelegenheiten an, die Ihnen auf dem Weg zum Erfolg hilfreich sind.

Psychologen sind der Ansicht, dass der Durchschnittsmensch nur ungefähr zehn Prozent seiner geistigen Kräfte nutzt. Sie können sich nun vorstellen, welches enorme geistige Potenzial in jedem von uns »schlummert«.

Ursachen für Misserfolg

Ebenso, wie es Erfolgsprinzipien gibt, gibt es auch Ursachen für Misserfolge. Diese zu kennen, ist für alle, die im Leben erfolgreich werden wollen, ebenfalls von großer Bedeutung. Die wichtigste Ursache für ein Scheitern auf dem Weg zum Erfolg ist mangelnde Beharrlichkeit. Die meisten Menschen, die sich zwar ein Ziel gesetzt haben, dass sie erreichen wollen, geben dann allerdings schon nach den ersten kleinen Fehlschlägen, die sie erleiden, auf. Die Erfolgreichen haben solche Fehlschläge ebenso erlitten, sie standen aber wieder auf, klopften sich den Staub ab und gingen ihren Weg weiter.

Als Nächstes ist sicherlich mangelnde Selbstdisziplin zu nennen. Wer sich selbst nicht unter Kontrolle hat, wird auch nie erfolgreich werden. Selbstbeherrschung ist notwendig, um negative Charaktereigenschaften abzulegen oder diese zumindest unter Kontrolle zu halten.

Über die Setzung von Zielen wurde bereits eingehend geschrieben. Erfolgt diese Zielsetzung nicht oder nur verwaschen, sind wirklich große Erfolge mit an Sicherheit grenzender Wahrscheinlichkeit ausgeschlossen.

Ein Mangel an Intelligenz ist ebenfalls ein Grund für das Scheitern im Leben. Dies betrifft allerdings nur die angeborene Minderausstattung des Geistes. Die mangelnde Intelligenz als Folge der Faulheit in der Schule lässt sich später noch beheben, durch erlernen der benötigten Fachkenntnisse und/oder die Bildung des in diesem Buch beschriebenen Brainstormings bzw. indem man die Leute zurate zieht, die die benötigten Informationen und das Wissen haben.

Ebenso, wie ein Mangel an Intelligenz, ist auch ein stark angeschlagener Gesundheitszustand ein Grund für ein Scheitern. Betrachten Sie Ihre Gesundheit daher als Ihr wertvollstes Gut und behandeln Sie sie dementsprechend. Die allseits bekannten, aber dennoch meist ignorierten Faktoren, die unserer Gesundheit schaden, sind eine ungesunde Ernährung, Alkohol- und Drogenmissbrauch (darunter zählen auch die Softdrogen, wie Kaffee und Nikotin), unzureichender Schlaf, mangelnde Bewegung, negativer Stress und eine ungenügende Sauerstoffzufuhr (durch falsche Atemtechniken sowie durch schadstoffbelastete Luft im Büro und in den Städten).

Nicht weit kommen wird auch, wer versucht, sein Geschäft auf Unehrlichkeit aufzubauen. Aus der Geschichte und der Gegenwart ist zu entnehmen, dass Hochstapler und Betrüger zwar kurzfristige Erfolge erzielen konnten, aber auf lange Sicht immer entlarvt wurden, das Geld zurück zahlen mussten und oft sogar im Gefängnis landeten.

Zu den häufigsten Ursachen für Misserfolg im Beruf zählen die falsche Wahl des Ehepartners sowie ungeeignete Geschäftspartner. Disharmonie in der ehelichen Partnerschaft wirkt sich immer auch negativ auf die anderen Lebensbereiche aus und hat schon so manchen zum Trinker werden lassen. Geschäftspartner, die einem falsche Ratschläge erteilen oder die in ihren Charakterzügen nicht gerade förderlich sind, haben ebenfalls schon so manche Firma in den Ruin getrieben. Suchen Sie sich daher Ihren Ehepartner wie auch Ihre Geschäftspartner mit Bedacht aus.

Verschwendungssucht und die Spielleidenschaft machen des Weiteren die Anhäufung von Kapital unmöglich. Leute, die ihr Geld, kaum, dass sie es verdient haben, wieder für alle möglichen Dinge ausgeben, haben nie eine finanzielle Rücklage. Sie können daher kein Vermögen aufbauen und keine wirklich günstigen Angebote wahrnehmen, da sie nie Geld übrig haben. Ähnlich geht es den »Zockern«, die vom schnellen und mühelosen Reichtum träumen und ihr Geld in Glücksspiele stecken und in Investitionen, die angeblich Top-Renditen in kurzer Zeit bringen sollen.

Wohlüberlegtes Vorgehen ist auf dem Weg zum Reichtum zwar eine wichtige Voraussetzung, Übervorsichtigkeit ist jedoch fehl am Platze. Aller außergewöhnlich Reichen handeln überlegt, sind aber auch risikofreudig. Diese Risikofreude ist meist mit schnellen Entscheidungen gepaart. Wer unentschlossen ist und seine Entscheidungen im Nachhinein dann auch noch häufig ändert, wird nur in den seltensten Fällen zu den Erfolgreichen gehören.

> Was auch immer man unternimmt –
> zuvor sollte man feststellen, ob das Unternehmen
> auf festem Boden steht.
> Ohne Stabilität lässt sich nichts erreichen
> und man verliert trotz aller Euphorie.
> Hoffnung alleine bringt selten Erfolg.
>
> *Chao-Hsiu Chen*

Und last, but not least: Sehr viele Firmen müssen schon nach kurzer Zeit wieder aufgeben, weil ihnen das Geld ausgegangen ist. Dies ist ein typischer Anfängerfehler. Es wird eine Firma gegründet, ohne dass genügend Kapital vorhanden ist, um kurzzeitige Rückschläge auffangen zu können und Geld für eine »Durststrecke« als Rücklage zu haben.

Zum Unternehmen

Den meisten Menschen beschleicht ein flaues Gefühl im Magen, wenn sie an die Gründung eines eigenen Unternehmens denken. Doch dies passiert auch in diesem Fall nur, weil es an dem notwendigen Wissen über Aufbau und Wirkungsweise der verschiedenen Unternehmungen mangelt. Ein Unternehmen muss nicht unbedingt viele dutzend oder sogar hunderte Menschen beschäftigen, in einem großen Gebäude sitzen oder aus Millionenwerten an Computern und Maschinen bestehen. Ein Unternehmen ist zunächst erst einmal nur ein virtuelles Gebilde, dass allein schon

»in einem Aktenordner« existieren kann. Selbst die Gründung und Existenz einer GmbH ist mit nur einer einzelnen Person möglich. So eine Ein-Mann-GmbH genießt alle Vorteile, die einer GmbH laut dem GmbH-Gesetz zustehen.

Von den Reichen wurden die verschiedensten Unternehmensformen ersonnen, um ihren Reichtum zu schützen und zu mehren. Versuchte der Staat, die Reichen durch die Festlegung neuer Gesetze in gewisser Weise zu bestrafen, dann jammerten diese nicht lange herum, sondern gründeten unter Ausnutzung der Gesetze wieder neue Unternehmen, um Steuern zu sparen und mehr Einkommen zu erzielen.

Großen Reichtum zu erzielen und zu behalten, bedeutet daher auch, sich mit Finanzen und der Finanzgesetzgebung auszukennen. Dieses Wissen kann in unserer heutigen Zeit kein Unternehmer mehr selbst haben. Aber dies ist auch gar nicht erforderlich. Es gibt dafür genügend Steuerberater und Rechtsanwälte, von denen sich obendrein viele auf bestimmte Gebiete spezialisiert haben und sich so in den erforderlichen Nischen bestens auskennen.

Alle Reichen nutzen Ihre Unternehmen, um die dadurch möglichen Steuervorteile auszuschöpfen und so viel schneller reich zu werden als ein Angestellter oder der Inhaber eines kleinen Geschäfts. Da in einem Unternehmen vieles ganz legal in die Betriebsausgaben gebucht werden kann (die Dienstwagen der Geschäftsführer, Reisen zu Aufsichtsratstreffen, Geschäftsessen, Reparaturen, nobel ausgestattete Büros, eine Gesundheitskur in der Karibik, Kosten für die betriebliche Altersvorsorge der Manager, usw.), die den Gewinn und damit die Steuerlast mindern, leben die Reichen ein luxuriöses Leben und sparen dabei noch Steuern.

Wollen Sie reich werden und es auf lange Sicht auch bleiben, dann halten Sie sich an die Regeln und Vorschriften. Illegale Geschäftsmethoden führen zwar ab und zu auch zu Millionengewinnen, die Geschichte hat aber gelehrt, dass dieser Reichtum nur von kurzer Dauer ist. Nach ein paar Monaten oder Jahren kommen diese illegalen Machenschaften ans Tageslicht, werden von der Justiz verfolgt und oft auch noch von den geprellten Geschäftspartnern und Kunden. Die mehr oder weniger *ergaunerten* Millionen sind dann für Schadensersatzansprüche, Prozesskosten und Rückzahlungen schnell wieder aufgebraucht und obendrein folgt meist auch noch eine mehrjährige Gefängnisstrafe.

Wie Sie ohne Geld Geld verdienen

Fast alle Menschen sind der Meinung, dass man erst einmal eine große Menge Geld als Startkapital benötigt, um viel Geld zu verdienen. Die gute Nachricht lautet aber: Das braucht man nicht unbedingt. Die meisten Self-Made-Millionäre haben mit fast nichts angefangen. Sie hatten aber alle einen großen Traum, an den Sie felsenfest glaubten und arbeiteten mit Entschlossenheit und eisernem Willen an dessen Verwirklichung.

Wie weiter oben schon erwähnt, können Sie in unserer heutigen Zeit grundsätzlich auch als Angestellter in einem großen Unternehmen sehr wohlhabend werden. Sie müssen also nicht unbedingt selbstständig sein, um Einkünfte zu erzielen, die Sie im Laufe der Jahre sehr reich machen. Viele Manager in Spitzenpositionen großer Konzerne verdienen heutzutage mehrere Millionen Euro jährlich und stammen nicht aus der Verwandtschaft der Firmeninhaber.

Es ist auch von untergeordneter Bedeutung, was Sie beruflich machen, sondern vielmehr, woraus Sie Ihr Einkommen erzielen. Also ob Sie in einem Angestelltenverhältnis tätig sind, selbstständig, Geschäftsinhaber oder Investor. Ihre Tätigkeit können

Sie generell in allen vier Bereichen ausüben. Welchen Bereich eine Person ausgewählt hat, wird zu einem Großteil von ihrem Charakter bestimmt. Einige Menschen hassen es beispielsweise, in einem Angestelltenverhältnis tätig zu sein, während andere diese »Sicherheit« unbedingt brauchen, um sich voll entfalten zu können. Es ist daher wenig förderlich, sich unbedingt in die berufliche Selbstständigkeit zu begeben, wenn man diese nicht mag, sondern eher eine Abneigung empfindet. Da ein eigenes Unternehmen aber viele Möglichkeiten für Steuervergünstigungen bietet, die einem Angestellten nicht zur Verfügung stehen, sollte der Entschluss, Angestellter zu werden oder zu bleiben, nicht zu unüberlegt erfolgen. Oft mangelt es lediglich am notwendigen Wissen über eine Selbstständigkeit oder man hat falsche Vorstellungen davon bzw. man wird von Bekannten und Verwandten, die es »nur gut« mit einem meinen, davon abgehalten. Zu bedenken ist natürlich auch, dass ein eigenes Unternehmen kein Garant für die Erlangung von Reichtum ist, was die zahlreichen Firmenpleiten aus der Vergangenheit und Gegenwart belegen.

Des Weiteren ist es meist so, dass, je erfolgreicher man wird, die Zeit, die man für die Familie und Hobbys zur Verfügung hat, direkt von der Art der Erzielung der Einkünfte abhängt. Im Angestelltenverhältnis und der beruflichen Selbstständigkeit ist für das Vorwärtskommen fast ausnahmslos die tägliche persönliche Präsenz in der Firma notwendig. Ein Ingenieur beispielsweise muss als Angestellter in einem Ingenieurbüro wie auch als selbstständiger Ingenieur für seine Kunden jeden Tag selbst im Büro sein bzw. diese selbst im Außendienst besuchen. Ist er nicht im Büro bzw. fährt nicht zu seinen Kunden, verdient er auch kein Geld. Ist er dagegen der Chef in seinem Ingenieurbüro mit ein paar angestellten Ingenieuren und Technikern, kann er generell auch eine gewisse Zeit nicht in der Firma sein und verdient trotzdem gutes Geld. Je besser das Unternehmen läuft, desto mehr Zeit muss der Angestellte und der Selbstständige investieren. Man könnte in diesem Fall auch sagen opfern, da ihm diese Zeit nicht mehr für seine Familie und Hobbys zur Verfügung steht. Ein Unternehmensinhaber mit angestellten Managern dagegen hat, je besser das Geschäft läuft, auch mehr Freizeit. Je besser seine Manager sind, desto länger kann er sogar der Firma fern bleiben und sich anderen Dingen widmen.

Wie Sie Ihr Einkommen rasch verdoppeln

Die meisten Menschen sind der Meinung, dass man sein Einkommen nur steigern kann, wenn man härter und/oder länger arbeitet als bisher. In unserer heutigen Gesellschaft ist aber das Wissen der entscheidende Produktionsfaktor. Es ist nicht mehr von Bedeutung, wie viel Zeit in eine Arbeit investiert wird, sondern nur noch, welche Inhalte in dieser Zeit erbracht werden. Kreative Menschen haben damit unbegrenzte Möglichkeiten, in relativ kurzer Zeit sehr viel Geld zu verdienen.

Besonders hilfreich ist Ihnen dabei das Pareto-Prinzip. Dieses Prinzip wurde vom Wirtschaftswissenschaftler Wilfredo Pareto entdeckt und besagt, dass 20 % Ihrer Aktivitäten 80 % Ihrer Werte schaffen und dass umgedreht 80 % Ihrer Tätigkeiten lediglich 20 % Ihrer Werte schaffen. Diese 80/20-Regel lässt sich auf alle Bereiche des Lebens anwenden. Wenn Sie dieses Prinzip auf Ihr Unternehmen oder Ihre Kunden anwenden, werden Sie feststellen, dass 20 % Ihrer Kunden 80 % Ihres Gewinns bringen und die restlichen 80 % Ihrer Kunden aber nur 20 % Gewinn. Oder: 20 % Ihrer Mitarbeiter erwirtschaften 80 % Gewinn und die anderen 80 % nur 20 % Gewinn. Oder: 20 % Ihrer Produkte erwirtschaften 80 % Gewinn, die restlichen 80 % aber nur 20 % Gewinn.

Indem Sie das Pareto-Prinzip anwenden und aus Ihren Aktivitäten die 20 % herauskristallisieren, die für 80 % Ihrer Einnahmen verantwortlich sind, und sich nur noch diesen Tätigkeiten widmen, werden Sie innerhalb sehr kurzer Zeit Ihr Einkommen verdoppeln. Die anderen 80 % Ihrer Tätigkeiten, die aber nur 20 % Ihrer Einnahmen bringen, delegieren Sie an Mitarbeiter oder Fremdfirmen oder reduzieren sie auf ein Minimum.

Die Strategie klingt recht einfach, die Umsetzung erfordert jedoch einige Anstrengungen und Entschlossenheit. Da es vor allem darauf ankommt, zu wissen, *was* zu tun ist und für die »Produktion« von Ideen Ruhephasen notwendig sind (siehe nächster Abschnitt), empfiehlt es sich, derartige Pausen regelmäßig einzulegen.

Eine weitere Methode, mit der Sie Ihre Leistungsfähigkeit und damit letztlich auch Ihr Einkommen steigern können, ist das Setzen von Prioritäten. Bewährt hat sich hierbei die so genannte ABCDE-Regel, bei der Sie die zu erledigenden Aufgaben entsprechend ihrer Wichtigkeit und Dringlichkeit in die Gruppen A, B, C, D und E einordnen.

Legen Sie sich am besten vier Ablagefächer an, die Sie mit den Buchstaben A, B, C, D und E beschriften. In die Ablage mit dem Buchstaben A legen Sie alle die Aufgaben, die die höchste Priorität haben. A-Aufgaben *müssen* bis zum angegebenen Termin unbedingt erledigt werden, da die Nichterledigung erhebliche negative Konsequenzen nach sich ziehen würde. Die Erledigung wiederum hat große positive Auswirkungen.

Das Liegenlassen von Aufgaben aus der Wichtigkeitsstufe B hat zwar auch ungünstige Auswirkungen, aber weniger drastische als die A-Aufgaben. Gehen Sie daher erst dann zur Abarbeitung der B-Aufgaben über, wenn Sie alle A-Aufgaben erledigt haben.

In die Rubrik der C-Aufgaben fallen viele Privatangelegenheiten, die zwar Ihr Handeln erfordern, aber für Ihre Karriere und die Erlangung von Reichtum unwichtig sind. Typische C-Aufgabe sind zum Beispiel das Rauchen oder Kaffeetrinken, private Anrufe, Klatsch- und Tratschrunden im Büro. Erledigen Sie diese Aufgaben, wenn überhaupt, nur in den Pausen und nach Büroschluss.

Das D in den D-Aufgaben können Sie sich gut für *delegieren* merken. Überlegen Sie sich beim täglichen Sortieren Ihrer Aufgaben immer, welche Tätigkeiten Sie davon an andere delegieren können.

Die E-Aufgaben haben für Sie weder negative Auswirkungen, wenn Sie sie nicht erledigen, noch positive, wenn Sie sie erledigen. Die Ablage E könnte quasi auch Ihr Papierkorb sein (der so genannte »Rundordner«). In die Ablage E gelangen beispielsweise Aufgaben, die sich in der Zwischenzeit von selbst erledigt haben oder die für Sie derzeit ohne Bedeutung sind und in Zukunft auch nicht mehr wichtig sein werden.

Bei der Erledigung der Aufgaben aus den einzelnen Prioritätsstufen steht am Anfang das Nachdenken. Gehen Sie an eine neue Aufgabe, dann analysieren Sie zunächst, was Sie erreichen wollen, also welches Ergebnis Sie erzielen möchten. Haben Sie dieses Resultat klar vor Augen, überlegen Sie (bzw. Ihr Team), wie Sie dieses Ziel erreichen können. Finden Sie nicht nur einen Weg, sondern ziehen Sie zunächst auch Alternativen zur Zielerreichung in Betracht. Es gibt meist mehrere Lösungswege für eine Aufgabe. Wählen Sie aus den gefundenen Lösungswegen den geeignetsten aus, bleiben Sie aber trotzdem für Korrekturen offen, wenn sich der gewählte Weg als verbesserungsbedürftig oder sogar falsch erweisen sollte. Beginnen Sie notfalls von vorn. Diese Flexibilität ist in unserer schnelllebigen Gesellschaft von außerordentlich großer Bedeutung. Ständig kommen neue Methoden, Technologien, Werkzeuge, Materialien und Produkte auf den Markt, wodurch der von Ihnen eingeschlagene Weg schnell verbesserungsbedürftig werden kann. Halten Sie sich daher nicht für unfehlbar und stellen Sie Ihr Ego zurück.

Haben Sie Ihr Ziel definiert und den besten Weg gewählt, um dieses Ziel zu erreichen, dann ermitteln Sie die Voraussetzungen, von denen Sie ausgehen. Sind diese ausreichend? Haben Sie das erforderliche Wissen oder basiert alles nur auf Schätzungen? Wurden die Marktverhältnisse realistisch eingeschätzt oder sind es lediglich irgendwelche Annahmen?

Achten Sie bei den Aufgaben, die Sie erhalten und bearbeiten, darauf, dass es sich um Aufgaben handelt, die für Ihr Weiterkommen wichtig sind. Kümmern Sie sich mehr um die Arbeiten, die Ihren Verdienst positiv beeinflussen und die von Ihnen in Ihrer Stellung im Unternehmen erwartet werden. Delegieren Sie die nicht so wertvollen Aufgaben. Übernehmen Sie in der dadurch frei gewordenen Zeit mehr von den Tätigkeiten, die Sie besonders gut ausführen können. Sie schaffen so in derselben Zeit mehr als weniger gut ausgebildete und/oder weniger erfahrene Kollegen. Denken Sie immer daran, dass nicht zählt, wie viel Stunden Sie für die Erledigung einer Aufgabe benötigt haben (nach dem Motto: Was lange gedauert hat, muss auch wertvoll sein), sondern dass Qualität und Quantität Ihrer Ergebnisse zählen. Bemühen Sie sich daher, noch besser zu werden als Sie derzeit schon sind und führen Sie die wichtigsten Arbeiten immer besonders gut aus.

Ebenfalls sehr positiv auf Ihr Einkommen wird sich auswirken, wenn Sie länger arbeiten. Fangen Sie täglich eine halbe Stunde früher an zu arbeiten und/oder beenden Sie Ihre Tätigkeit eine halbe Stunde später. Wenn Sie sich in dieser zusätzlichen Zeit wirklich mit den Aufgaben beschäftigen, für die Sie bezahlt werden, wird Sie dies einen großen Schritt nach vorn bringen.

Wie Sie Schulden abbauen

In unserer Zeit, da der Einkauf mit Kreditkarten »in« ist und Konsumkredite von fast jedem größeren Geschäft angeboten werden, gibt es kaum noch Menschen, die keinen Kredit laufen haben. Fast jeder hat mehr oder weniger hohe Schulden. Generell ist gegen einen klug verwendeten Kredit nichts zu sagen. Solange ein Kredit dazu dient, Profit daraus zu ziehen oder sich das Leben in *vernünftiger* Weise leichter und angenehmer zu machen, spricht nichts gegen eine Verschuldung. Kredite, die jedoch lediglich der Befriedigung von Konsumbedürfnissen dienen sowie ein überstrapazierter Kreditrahmen, sind immer unklug verwendete Kredite.

Egal, wie Sie zu Ihren Schulden kamen, für den Abbau der Schulden ist vor allem Ihre innere Einstellung zu Ihren Schulden wichtig. Ärgern Sie sich fortwährend über Ihre Schulden und verfallen Sie in Panik, wenn Rechnungen zu bezahlen sind, blockieren Sie mit diesen negativen Gedanken den Zustrom von schöpferischen Ideen. Betrachten Sie Ihre finanziellen Verpflichtungen und Ihr bisheriges Verhalten in Sachen Finanzen daher nicht mit Groll und Kritik. Derartige negative Gedanken legen sich nur auf Ihre Psyche und bringen Ihre Motivation und Kreativität zum Erliegen. Behalten bzw. erlangen Sie besser die Kontrolle über Ihre Verpflichtungen, so können Sie ihnen erfolgreich begegnen. Vergeben Sie sich und auch anderen die Fehler aus der Vergangenheit.

Es gibt auch Menschen, die in Gesprächen über ihre Schulden reden und ihnen damit noch mehr Größe geben. Sie binden sich so nur noch fester an ihre Schulden. Schweigen Sie lieber über ihre finanziellen Angelegenheiten und widmen Sie sich der Verringerung der Schulden. Schieben Sie allen Ärger über Ihre Schulden beiseite und bejahen Sie erzielte Erfolge in dieser Hinsicht. Niemand ist an Ihren Schulden oder Ihrem Geldmangel schuld. Denken Sie immer daran: Nur *Sie* sind verantwortlich, niemand sonst.

Eine gute Methode, die Sie dabei unterstützt, von Ihren Schulden herunter zu kommen, ist die Barzahlung. Kaufen Sie das, was Sie kaufen, nach Möglichkeit bar. Lassen Sie anfangs das »Plastikgeld« zu Hause, wenn Sie auf Shopping-Tour gehen. Sie haben mit der Barzahlung das gute Gefühl, Ihr Konto nicht noch weiter in die »Nassen« zu drücken und geben wahrscheinlich auch wesentlich weniger aus, da Sie ja gelernt haben, mit jeder Geldausgabe einen seelischen Schmerz zu verbinden. Bei der Ausgabe von Bargeld (also der *körperlichen* Weggabe von Geld) wirkt so ein Schmerz besonders intensiv.

Mit zunehmender Selbstdisziplin können Sie Ihre Kreditkarte dann wieder in Ihr Portmonee stecken, quasi für den »Notfall«. Besser geeignet ist für so einen Notfall allerdings ein fünfhundert Euro Geldschein, den Sie separat von dem Geld tragen, dass für Ihre täglichen Ausgaben bestimmt ist. Betrachten Sie diesen fünfhundert Euro Geldschein als Ihre eiserne Reserve. Sie dürfen ihn nicht für irgendwelche Einkäufe verwenden. Das tägliche Tragen eines fünfhundert Euro Geldscheins stärkt Ihr Selbstbewusstsein und Ihre Einstellung zum Geld. Sie werden sich dadurch reich fühlen und Ihre Angst gegenüber großen Bargeldbeträgen verlieren. Gleichzeitig erhöht es Ihre Aufmerksamkeit, da Sie natürlich darauf achten werden, diesen Schein nicht zu verlieren. Von großer Bedeutung ist des Weiteren, dass Ihnen das Tragen eines solchen Geldscheins ein Gefühl der Sicherheit gibt. Mit fünfhundert Euro ist es schließlich möglich, von fast jedem Ort der Welt aus wieder nach Hause zu gelangen und Essen können Sie sich damit auch überall kaufen.

Wie Sie Ideen »produzieren«

In unserer heutigen Zeit beherrschen Ideen die Wirtschaft auf der ganzen Welt. Mehr als je zuvor sind alle Unternehmen davon abhängig, ihre Produkte ständig weiter zu entwickeln sowie neue Waren auf den Markt zu bringen. Da aber nur Menschen zu schöpferischen Gedanken fähig sind, hat quasi jeder gute Chancen. Es gibt zwar schon eine Unmenge der verschiedensten Produkte, aber *alle* können noch irgendwie verbessert werden, dass beweist die jüngste Geschichte. Selbst, wenn man glaubte, dass etwas nicht mehr zu verbessern ist, dann wurde man nach ein paar Jahren eines Besseren belehrt.

Das Gute an den Verbesserungsmöglichkeiten: Trotz der Unmengen des Geldes, das die Wirtschaft in ihre Forschung und Entwicklung steckt und die Masse der in diesen Bereichen beschäftigten Wissenschaftler, werden noch weit über fünfzig (!) Prozent aller Erfindungen und Neuerungen von Einzelpersonen gemacht, die nicht irgendeinem Forschungsstab angehören.

Egal, wo Sie derzeit tätig sind, verbessern lässt sich überall etwas und durch Verbesserungsvorschläge können Sie Ihr Einkommen in jedem Fall aufbessern. Verschwenden Sie Ihre Zeit daher nicht mit wenig fruchtbaren Gesprächen über den aktuellen Bundesligastand, den vergangenen Fernsehabend, Firmentratsch und ähnliches Geschwätz, sondern denken Sie darüber nach, was verbessert werden kann und wie.

Verbesserungen sind oft auch schon allein deshalb möglich, weil sich das Wissen der Menschheit vergrößert, neue Technologien, Materialien und Arbeitsgeräte entwickelt werden und es im Laufe der Jahre neue Erfahrungen gibt. Lesen oder hören Sie von derartigen Neuigkeiten, überlegen Sie, ob Sie diese auf Ihr derzeitiges Tätigkeitsgebiet anwenden können, beziehungsweise wofür sich die Neuentwicklungen oder Ihr neu erlangtes Wissen noch anwenden lässt. Es ist dabei keinesfalls erforderlich, dass Sie nahezu perfekte Ideen hervorbringen. Jeder Einfall ist wichtig und kann zu weiteren Ideen führen. So sind nicht brauchbare Gedanken oft ebenfalls ein Schritt zum Erfolg, da diese nachfolgend Ideen produzieren, die letztendlich funktionieren.

Viele Leser haben nun sicherlich die Antwort parat: »Mir kommen aber keine Ideen, wie ich irgendetwas verbessern könnte«. Nachfolgend daher ein paar Tipps, mit denen sich Ideen »produzieren« lassen:

Sorgen Sie dafür, dass Sie ab sofort immer einen kleinen Notizblock oder ein Notizbuch und einen Stift bei sich haben, auch, wenn Sie unterwegs sind. Notieren Sie am besten alle Ideen, die Ihnen in dem Moment einfallen. Wichtig ist, Ihre Ideen sofort aufzuschreiben, wenn Sie Ihnen einfallen und nicht erst noch groß darüber nachzudenken, ob der Einfall etwas taugen könnte oder nicht. Beziehungsweise nur noch an Ihre Idee zu denken, um diese nicht zu vergessen. Dadurch werden eventuell noch nachfolgende Ideen gewissermaßen »abgewürgt« und die richtig wertvollen bleiben vielleicht »ungeboren«. Klammern Sie sich beim Ideenfinden nicht an logisches Denken. Schreiben Sie auch scheinbar Unlogisches und Unvorstellbares auf. Denken Sie während Ihres »Ideenflusses« über weitere Alternativen nach, es gibt fast immer mehrere Lösungswege für eine Aufgabe. Fällt Ihnen nichts mehr ein, dann stecken Sie den Block weg und widmen sich wieder Ihrer bisherigen Beschäftigung bzw. dem, was Sie eigentlich machen wollten. Später nehmen Sie sich dann Zeit, Ihre notierten

Gedanken kritisch zu betrachten, zu verändern, Ergänzungen vorzunehmen oder einiges auch zu streichen.

Bei der Analyse der Stichpunkte, die Sie sich auf Ihrem Notizblock gemacht haben, gehen Sie immer vom derzeitigen Zustand des zu verbessernden Produktes, der Methode oder Organisationsform aus. Überlegen Sie sich, was genau Sie daran verbessern wollen und warum, ob Sie diese Veränderungen selbst bewirken können oder wer Ihnen dabei helfen kann. Fragen Sie sich, ob für die Verbesserung eine Vergrößerung/Verkleinerung (zum Beispiel der Abpackung – Familienpackung, Sechser-Pack) von Vorteil wäre, wie durch andere Prüfmethoden die Fehlerquote bei der Produktion gesenkt werden könnte, ob sich das Produkt bzw. dessen Handhabung vereinfachen lässt, wie man die Nachfrage steigern und so die Produktion und damit das Produkt billiger machen könnte. Oft lassen sich auch Arbeitsprozesse optimieren, die Raumaufteilung verbessern (Einsparung von Mietkosten bzw. Verbesserung der Arbeitsbedingungen, was wiederum zu besseren Arbeitsergebnissen führt), Arbeitskräfte einsparen oder durch Verbesserung ihrer Qualifikation (Weiterbildungskurse) bessere Ergebnisse (weniger Ausschuss, Einsatz moderner Maschinen) und/oder eine Zeiteinsparung (Arbeitskräfteeinsparung, Steigerung der produzierten Menge in derselben Zeit) erzielen.

Produkte lassen sich meist auch verbessern, indem andere Werkstoffe Anwendung finden (leichter, härter, weicher, verschleißfester), die Form verändert wird (ansprechenderes Design und damit besser verkäuflich, besser erkennbar) oder eine andere Farbe bzw. Farbkombination gewählt wird (Farben haben Einfluss auf unsere Psyche – Produkte erscheinen dadurch attraktiver und verkaufen sich besser, eine entsprechende Farbgebung der Wände und Inneneinrichtung verbessert das Arbeitsklima).

Durch Kombination von Produkten lassen sich ebenfalls

Verbesserungen erzielen, die den Absatz ankurbeln bzw. Zusatzverdienste schaffen (die Post gibt beispielsweise Briefumschläge mit aufgedruckten Briefmarken heraus, Haushaltgerätehersteller kombinierten Waschmaschine und Schleuder zum Waschautomaten, einige Lebensmittelproduzenten liefern bestimmte Waren in Verpackungen aus, die nach dem Verzehr der Waren noch für andere Zwecke genutzt werden können – natürlich mit einem Werbeaufdruck von ihrem Unternehmen).

Bei der Vielzahl gleicher und ähnlicher Produkte spielen das Design und die Handhabbarkeit eine bedeutende Rolle. Überlegen Sie daher, wie Sie ein Produkt optisch ansprechender und/oder handlicher gestalten können, wie der Umgang mit diesem bequemer werden kann und/oder mehr Freude vermittelt. Im Zusammenhang mit der Produktvielfalt sind auch eine ansprechende Beschriftung und der Einsatz von Logos und Markenzeichen sehr wichtig. Diese erhöhen den Wiedererkennungswert und machen eine Ware sympathisch, was letztlich wieder den Absatz steigert (und damit natürlich auch den Gewinn).

In unserer heutigen Zeit eine ebenfalls sehr werbewirksame und absatzfördernde Maßnahme: Die Herausstellung der Umweltverträglichkeit des Produktes und/oder der Produktion (bei Wasch- und Spülmitteln, die in das Abwasser gelangen, der Einsatz von Abluftfiltern bei der Erzeugung von Energie aus Kohle – »saubere Energie«).

Da die Menschen ein Bestreben nach Sicherheit haben und Verluste vermeiden wollen, bieten Garantien einen Kaufanreiz. Überprüfen Sie deshalb, welche Garantien Sie Ihren Kunden auf Ihre Produkte geben können, die Ihre Kunden vor Schäden oder Verlusten schützen (viele Hersteller geben auf ihre Produkte zum Beispiel eine längere Garantie als gesetzlich vorgeschrieben, eine 14-/30-tägige Geld-zurück-Garantie im Versandhandel, wenn das Produkt doch nicht gefällt, ein vierwöchiges Probetraining in einigen Fitnessstudios, bevor ein Jahresvertrag abgeschlossen wird).

Neben Garantien ist für die Kunden auch der Service, den ein Unternehmen ihnen nach dem Kauf bietet, von Bedeutung. Fragen Sie sich, welchen Service Sie Ihren Kunden anbieten bzw., wie Sie diesen verbessern oder billiger machen können.

Gratisangebote nehmen fast alle Menschen gern in Anspruch. Mit kostenlosen Produktproben, Bonuszahlungen und Werbegeschenken machen Sie Ihren Kunden wie auch Ihren potenziellen Kunden die Kaufentscheidung bzw. die Anforderung weiterer Informationen wesentlich leichter. Das Beilegen oder Aufdrucken von positiven Tests und Empfehlungen anerkannter Prüfstellen und Zeitschriften sowie Referenzen (zum Beispiel von zufriedenen Kunden) haben eine ähnliche Wirkung.

Neben den zuvor genannten Tipps gibt es noch eine Reihe weiterer Möglichkeiten, Verbesserungen zu erzielen. Überlegen Sie auch, was im Personalbereich, im Zeitmanagement, und im Produktionsprozess verbessert werden kann. Es muss sich dabei nicht unbedingt um ältere Produkte und/oder Methoden/Arbeitsabläufe handeln, an denen nach Verbesserungen gesucht wird. Oft kann auch Neues, kaum, dass es entstanden ist, verbessert werden.

Die Verbesserungen müssen sich nicht nur auf Ihr derzeitiges Tätigkeitsgebiet beschränken. Generell lässt sich an allem, mit dem Sie im täglichen Leben in Berührung kommen, etwas verbessern. Und dies nicht nur an Gegenständen, sondern auch an Methoden, Produktionsprozessen und Arbeitsabläufen. Überlegen Sie daher ab sofort, bei allem, was

Sie tun, was sich verbessern lässt. Das Gute an dieser Vorgehensweise: Sie haben fast keine Konkurrenz, da die Mehrheit der Menschen sich keine Gedanken über derartige Verbesserungsmöglichkeiten macht. Die meisten Menschen denken nur im Rahmen ihrer Routinetätigkeiten nach, über Familienangelegenheiten und ihre Freizeit. Mit kreativem Denken hat so etwas natürlich wenig zu tun und große Erfolge und Wohlstand lassen sich damit nicht erzielen. Sie bleiben eher dem Zufall überlassen, der allerdings genauso selten ist, wie ein Sechser im Lotto.

Wichtig in Sachen Verbesserungen & Co.: Je mehr Sie über bestimmte Dinge und Methoden wissen, desto leichter werden Sie eine Möglichkeit finden, etwas zu verbessern. Verbesserungen an Ihnen selbst, sprich Ihre eigene Weiterbildung, sind also eine notwendige und lohnende Investition in finanzieller Hinsicht, wie auch in Ihre (Lebens-) Zeit.

Die besten Ideen nützen allerdings nichts, wenn es Ihnen nicht gelingt, diese »an den Mann« zu bringen. Tragen Sie daher niemals nur Ihre Idee vor, sondern stellen Sie zugleich auch die Vorzüge klar heraus. Erläutern Sie Ihrem zuständigen Vorgesetzten, welche Vorteile die Firma von der Realisierung Ihrer Idee hat. Mitunter werden Ihre Argumente bei der Geschäftsführung auf Widerstand stoßen. Fragen Sie in diesem Fall gezielt nach, damit Sie genau verstehen, warum ein bestimmter Einwand hervorgebracht wurde und Sie weitere Argumente vorbringen können. Begründen Sie Ihre Fragen aber. Sie vermeiden damit einerseits, dass sich die betreffende Person ausgefragt vorkommt und sich unter Druck gesetzt fühlt und andererseits bekunden Sie Ihr Interesse an dem, was der andere gesagt hat und können selbst sicher sein, dass Sie die Äußerungen auch richtig aufgefasst haben.

> Irgendwann an jedem Tage sollte man eine Zeit absoluter Stille einhalten, denn in der Stille liegt Heilkraft. Um diese Kraft zu finden, darf man nicht sprechen, darf man nichts tun. Man muss den Geist abschalten, den Körper stillhalten und völliges Stillschweigen wahren. So übt man sich in schöpferischer Stille.
>
> *Norman Vincent Peale*

Da es für die »Produktion« von Ideen sehr hilfreich ist, in gewissen Zeitabständen vom Alltagsstress abzuschalten, sollten Sie sich einen Tag in der Woche ausschließlich für sich frei halten. Gehen Sie an diesem Tag nicht ins Büro, denken Sie nicht über Ihren Job nach, lesen Sie keine Fachliteratur, telefonieren Sie nicht in beruflichen Angelegenheiten, lesen Sie keine Geschäftspost. Machen Sie einen Tag pro Woche »Urlaub« von Ihrer Arbeit. Diese Auszeit wirkt auf Ihre grauen Zellen und allgemein auf Ihren ganzen Körper regenerierend und erfrischend. Sie gewinnen Abstand von Ihrer täglichen Arbeit, kommen auf andere Gedanken und Sie werden auf vieles aufmerksam, was Sie sonst nicht bemerken.

Dieser eine Tag Auszeit pro Woche muss übrigens nicht unbedingt auf den Sonntag fallen, weil dieser allgemein sowieso arbeitsfrei ist oder immer auf denselben Wochentag. Sie können sich diesen vielmehr so einrichten, dass Ihre beruflichen Tätigkeiten unter der Woche nicht zu stark in Zeitdruck geraten. Oft liegen für einen Tag sowieso nur wenige Termine an, die ohne Schwierigkeiten auf andere Tage aufgeteilt werden können.

Haben Sie nach einer gewissen Zeit Ihr Leben an diesen neuen Rhythmus angepasst, gehen Sie dazu über, sich zwei »Urlaubstage« pro Woche zu gönnen. Sofern Sie Kinder haben, legen Sie die zwei Tage am besten auf das Wochenende. Sie schaffen sich so die Gelegenheit, das Wochenende im Kreise Ihrer Familie genießen zu können.

Durch Ihr wöchentliches Relaxen und die im Kreise Ihrer Familie erlebten Freuden und Genüsse wird Ihnen Ihr Job mehr Spaß machen, sie werden ausgeruhter und voller Elan an Ihre Tätigkeiten gehen, produktiver sein und mehr erledigen. All das führt wiederum dazu, dass Sie mehr Geld verdienen und mehr Freizeit zur Verfügung haben. Es ist ein Kreislauf in Gang gesetzt, der sich immer weiter entwickeln kann (und wird, wenn Sie »am Ball« bleiben).

Zeiten der Ruhe, in denen Ihr Geist sich entspannen kann, lassen Ihre Inspiration fließen. Wer ständig nur in Eile ist und sich keine Zeit zum Nachdenken nimmt, muss im Leben meist sehr hart arbeiten. Würden diese Menschen mehr Zeit in schöpferischer Ruhe verbringen, könnten sie wertvolle Ideen produzieren und neue Vorstellungen hervorbringen, die ihr Leben erleichtern. Des Weiteren führt die Entwicklung der schöpferischen Vorstellungskraft auch zu größerem Selbstvertrauen.

Geld und Psychologie

> Die Armut ist ein unternehmungslustiges Geschöpf
> und holt sich ihre Opfer selbst, ohne erst lange
> hofiert werden zu müssen.
> Nur Reichtum ist schüchtern und zurückhaltend: *Ihn*
> müssen Sie mit List und Ausdauer an sich ziehen!
>
> *Napoleon Hill*

Der richtige Umgang mit Geld kann einem viel Macht, Erfolg und Reichtum einbringen, selbst, wenn man am Anfang noch wenig Geld oder gar keins zur Verfügung hat. Dies können wir aus der Geschichte lernen.

Wenn Sie spendabel sind, wird sich um Sie herum ein

Ruf von Großzügigkeit aufbauen. Und Großzügigkeit zieht Menschen an. Achten Sie aber immer darauf, dass Sie Ihre Freigebigkeit strategisch einsetzen. Wenn Sie mit Ihrem Geld wahllos um sich schmeißen, sind Sie sicherlich überall gern gesehen, kein Empfänger wird sich aber für etwas Besonderes halten. Eine derartige ziellose Großzügigkeit verfehlt ihren Zweck.

Setzen Sie Ihre Großzügigkeit strategisch ein, kostet Sie das zunächst zwar einen Teil Ihrer Ersparnisse, Sie erwerben sich dafür aber weitere Einflussmöglichkeiten, mit deren Hilfe Sie reichlich neue Einnahmen generieren können.

Menschen mit Macht und Einfluss haben ihre Macht und ihren Einfluss größtenteils durch ihre Freigiebigkeit erlangt. Wichtig dabei ist allerdings, dass sie ihr Geld nicht nur für materielle Dinge ausgaben, sondern vor allem auch, um Einfluss zu erlangen. Möchten Sie in die Reihen der Mächtigen und Einflussreichen aufsteigen, müssen Sie aber nicht unbedingt zu den sehr Wohlhabenden gehören. Der berühmte italienische Schriftsteller Pietro Aretino zum Beispiel fing seine Karriere als Sohn eines einfachen Schuhmachers an. Er sparte sich im Laufe der Jahre eine stolze Summe Geldes an und ging dann nach Venedig. Dort gab er überall großzügig Trinkgelder und verteilte an Bettler und Waisenkinder Spenden. Es dauerte nicht lange und in der Stadt ging die Meinung um, Aretino sei bestimmt nicht nur ein berühmter Schriftsteller, sondern ein einflussreicher Mann. Daraufhin gingen schon nach wenigen Monaten bekannte Künstler und einflussreiche Leute in seinem Haus ein und aus. Aretino kostete seine Großzügigkeit zwar einen großen Teil seiner Ersparnisse, aber er knüpfte dadurch viele Beziehungen zu einflussreichen Persönlichkeiten in Venedig, und später sogar bis zum französischen König, die sich für Aretino mehr als auszahlten. An diesem Beispiel ist gut zu erkennen, dass Geld zirkulieren muss, damit es Macht einbringt. Aretino war am

Ende seines Lebens aufgrund seiner strategischen Großzügigkeit der berühmteste Schriftsteller Europas.

Des Weiteren erzeugen Geschenke beim Beschenkten unterbewusst eine Dankesschuld (es sei denn, es handelt sich um einen Geizhals). Schenken Sie also lieber selbst als sich nur beschenken zu lassen. Sie umgehen so, sich in bestimmte Verpflichtungen zu begeben und beschränken Ihre Freiheit dadurch nicht.

Sie müssen aber auch damit rechnen, dass Sie an jemanden geraten, der mit seinem Geld seine sadistischen Geld-Spielchen treibt. Solche Leute haben zum Beispiel ihre Freude daran, jemandem seinen verdienten Lohn vorzuenthalten oder die Bezahlung einer offenen Rechnung hinauszögern, indem sie die Auszahlung immer wieder verschieben bzw. von irgendwelchen noch zu erledigenden belanglosen Kleinigkeiten abhängig machen oder sie erzählen, der Betrag sei bereits überwiesen. Oft versuchen sie auch, ausgehandelte Beträge für eine Arbeit oder Dienstleistung nach Vertragsabschluss bzw. sogar nach Erfüllung des Vertrages noch zu drücken. Ist man an einen dieser Typen geraten, erspart man sich meist eine Menge Zeit, Nerven und motivationsraubende Gespräche, wenn man gleich am Anfang ein finanzielles Zugeständnis macht, ihn dafür aber schnell und ein für alle Mal wieder los ist.

Von den meisten Menschen wird sehr großer Reichtum als etwas Schlechtes angesehen und sehr wohlhabende Leute demzufolge als Menschen, die sich auf Kosten anderer bereichern, als Ausbeuter, als Gauner. Wer in einer Kleinstadt oder einem Dorf wohnt, ist solchen üblen Nachreden besonders schnell ausgesetzt. Bis zu einem gewissen Grade lässt sich Reichtum und Einfluss noch herunterspielen, irgendwann wird er aber unübersehbar. Spüren Sie, dass sich aufgrund Ihres Wohlstands

Feindschaften anbahnen, lenken Sie die Aufmerksamkeit der betreffenden Personen von Ihrem Reichtum ab. Setzen Sie Ihre Großzügigkeit strategisch ein, um von der, für die Massen unschönen, Realität abzulenken.

In der Vergangenheit wurden aus diesem Grund viele sehr Reiche zu Förderern der Kunst, Kultur und Wissenschaft. Sie richteten Gemäldegalerien ein, sanierten Kulturdenkmäler, gaben Geld für die Errichtung und/oder Ausstattung von Bibliotheken und Bildungsstätten (Andrew Carnegie, Stahlmagnat und Multimillionär in den USA, richtete 2.811 öffentliche Bibliotheken ein, stiftete 7.689 Kirchenorgeln, gründete 3 Stiftungen, deren Geld für Forschung und Erziehung verwendet wurde). Heutzutage, da der Schutz und die Erhaltung der Umwelt eine immer größere Rolle spielen, unterstützen oder gründen einige Großunternehmen und Millionäre Umweltschutzprojekte auf der ganzen Welt (Schutz des Regenwaldes, private Nationalparks in Afrika).

Wer ein Geschenk bekommt, fühlt sich vom Schenkenden geachtet und geliebt. Diese Emotionen sind noch aus der Kindheit in uns verankert und besonders stark, wenn wir das Geschenk von einer einflussreichen Person erhalten.

Allgemein wirken Geschenke am besten, wenn sie unvorhergesehen erfolgen und das Geschenk obendrein auch noch etwas Außergewöhnliches ist. An seinem Geburtstag oder zu Weihnachten ist jeder auf den Erhalt von Geschenken mental vorbereitet. Bekommen wir aber »aus heiterem Himmel« von jemandem ein Geschenk, kann die Überraschung schnell bis zur Sprachlosigkeit führen.

Wählen Sie Ihre Geschenke immer wohl durchdacht aus. Schenken Sie nicht einfach nur Geld, sondern ein Geschenk, dass in dem Beschenkten bestimmte Gefühle hervorruft. Meist rufen nämlich nicht die großen Geldgeschenke eine innere

Bewegtheit hervor, sondern ein kleines Geschenk, dass aber im Beschenkten etwas zum Schwingen bringt. Ihre Geschenke müssen daher auch nichts Teures sein, sondern vielmehr auf ein Gefühl abzielen, dass Sie beim Beschenkten hervorrufen wollen.

Tätigen Sie Ihre Schenkungen aber mit Zurückhaltung. Wenn Sie zu oft jemandem etwas schenken, wird dieser Ihre Geschenke bald als gegeben hinnehmen.

Weiter oben wurde zwar darauf hingewiesen, dass ein wirksames Geschenk nicht unbedingt teuer sein muss, zu beachten ist aber, dass Sie nicht an der falschen Stelle sparen. Mitunter lassen sich bei der Auswahl eines Geschenks ein paar Euro sparen, dass Geschenk macht aber einen billigen Eindruck. Solche Geschenke bewirken genau das Gegenteil, von dem, was damit beabsichtigt ist. Mit so einem scheinbar billigen Geschenk würdigen Sie den Beschenkten herab und schädigen Ihren guten Ruf. Sehr fatal!

Möchten Sie erfolgreich werden, dann nutzen Sie das Wissen um die Wirkung von Gratisangeboten und die Gier der Menschen. Machen Sie strategische Geschenke. Menschen sitzen lieber bequem im Sessel vor dem Fernseher und träumen von einem großen Lottogewinn oder von einer Millionenerbschaft von einem bisher unbekannten Verwandten, anstatt für den Erwerb von Reichtum selbst etwas zu unternehmen. Aus diesem Grunde haben auch die Betrüger leichtes Spiel. Sie versprechen ihren »Kunden« mit den verschiedensten Ideen die Aussicht auf das schnelle Geld. Nicht wenige Anlagebetrüger und Initiatoren von illegalen Glücksspielen haben so Millionen verdient. Je größer der in Aussicht gestellte Betrag dabei ist, desto größer wird die Gier der Menschen nach dem Geld, dass ihnen ohne große Anstrengungen schnell in den Schoß zu fallen scheint.

Der Neid hat noch niemand reich gemacht.

Sprichwort

In den Abschnitten zuvor wurde schon des Öfteren darauf hingewiesen, dass negative Emotionen für den Erfolg gefährlich sind. Besonders heimtückisch ist dabei der Neid. Neid zerstört in uns alles, was positiv und schöpferisch ist und ersetzt es durch negative Gefühle wie Ärger, Verdüsterung und Hoffnungslosigkeit. Lassen Sie daher Gefühle des Neides gar nicht erst in sich aufkeimen. Gratulieren Sie anderen lieber zu ihren Erfolgen und freuen Sie sich aufrichtig mit ihnen. Versuchen Sie anschließend herauszufinden, was der Betreffende getan hat, um die entsprechende Leistung zu erreichen und wenden Sie diese Erkenntnisse auf Ihr eigenes Leben an. In den meisten Fällen werden Sie aufgrund Ihrer Anerkennung der Leistungen der anderen von diesen auch Unterstützung erfahren.

Sexualität und Erfolg

Den Biografien der erfolgreichen und bedeutenden Menschen ist zu entnehmen, dass diese alle auch sexuell überdurchschnittlich aktiv waren. Genannt seien hier beispielsweise Napoleon Bonaparte, William Shakespeare, Leonardo da Vinci, Sokrates, Johann Wolfgang von Goethe, Julius Cäsar, Wolfgang Amadeus Mozart, Pablo Picasso und Berthold Brecht.

Napoleon Hill, der die Lebensregeln und Arbeitsmethoden von mehr als 500 der erfolgreichsten Leute Amerikas erforschte, stellte die These auf, dass die Sexualkraft eine außerordentlich motivierende Kraft ist, die im Menschen schier unglaubliche Energien freisetzt. Während der Durchschnitt allerdings den

Überschuss an sexueller Energie in Aggression und Launenhaftigkeit abreagiert, nutzen die erfolgreichen Menschen diese Energie als Stimulanz des Geistes, so eine weitere seiner Feststellungen. Denkt man in diesem Zusammenhang an einen kastrierten Kater oder Stier, der nur noch träge und apathisch durch die Gegend trottet und dumm vor sich hinstarrt, wird diese These untermauert.

Napoleon Hill führt an, dass wir dem Sexualtrieb, als unserer stärksten Antriebskraft, erlauben müssen, sich voll zu entfalten, wobei wir ihm aber nicht erlauben dürfen, von unserem Willen Besitz zu ergreifen. Unsere Denkprozesse werden dann auf eine völlig neue Ebene gehoben, wodurch sich unser geistiger Horizont drastisch erweitert. Wir werden Möglichkeiten und Gelegenheiten entdecken, die uns bis dahin verborgen geblieben sind.

Des Weiteren kam auch er bei seinen Forschungen zu der Erkenntnis, dass uns unsere schöpferische Vorstellungskraft bei der Lösung von Aufgaben aus dem privaten und beruflichen Bereich sehr hilfreich ist. Er rät, durch ständiges Üben unsere Fantasie immer aufnahmefähiger für Anregungen zu machen, die von außerhalb unseres eigenen Unterbewusstseins kommen. Ein wichtiges Kriterium stellen dabei Ruhephasen dar. Viele der großen Wissenschaftler und Künstler verdanken solchen Pausen der Zurückgezogenheit in sich selbst ihre besten Ideen.

Ein Spruch, der Ihnen sicherlich schon bekannt ist, lautet: »Hinter jedem erfolgreichen Mann steckt eine Frau«. Der Wahrheitsgehalt dieses Spruches wurde von zahlreichen Bibliografien bedeutender Persönlichkeiten bewiesen, egal, ob Wissenschaftler, Unternehmer, Künstler, Politiker oder Militär. Deren außergewöhnliche Leistungen sind so gut wie immer auf den erotischen Einfluss ihrer Lebensgefährtin zurückzuführen. Der Vollständigkeit halber sei noch erwähnt, dass es sich bei den Lebenspartnern nicht unbedingt um eine Frau handeln muss. Es sind auch Fälle bekannt, da bedeutende Männer (und Frauen) von einem gleichgeschlechtlichen Partner inspiriert und motiviert wurden. Wichtig ist nur, dass der menschliche Geist stimuliert werden muss und dass die stärksten und wirkungsvollsten Reize vom Sexualtrieb ausgehen.

Andererseits wird man keine herausragende Persönlichkeit finden, weder Mann noch Frau, deren überdurchschnittliche Erfolge nicht ihrem ebenfalls überdurchschnittlichen sexuellen Potenzial entsprachen.

All das eben Genannte sollte allerdings nicht zu der Schlussfolgerung führen, dass ein besonders potenter Mann automatisch ein Genie ist. Es kommt vielmehr darauf an, den überdurchschnittlich starken Geschlechtstrieb zu nutzen, um die *schöpferische* Fantasie anzuregen, um seinen Geist zu motivieren und zu außergewöhnlichen Leistungen zu befähigen.

Im Zusammenhang mit dem Sexualtrieb sei auch die Liebe als eine Triebkraft genannt, die Männer (und Frauen) zu Höchstleistungen anspornt. Selbst eine verflossene Liebe kann so eine Triebkraft sein und einen noch nach Jahren oder Jahrzehnten beeinflussen. Jeder von uns wird sich an die erste große Liebe erinnern, auch, wenn er (oder sie) heute mit jemand anderem verheiratet ist oder zusammenlebt. Damit die Erinnerung an eine vergangene Liebe motivierend und inspirierend wirkt, ist es wichtig, sich nur an die positiven Gefühle und Begebenheiten zu erinnern. Späte Reue und Selbstmitleid sollten Sie auf jeden Fall verdrängen. Machen Sie Ihre Zeitreise in die Vergangenheit, indem Sie sich nur die schönen Stunden in Ihr Gedächtnis zurückrufen, nach dem Motto: »Mach es wie die Sonnnennuhr, zähl die schönen Stunden nur«. Kommt doch einmal ein negativer Gedanke durch, »schieben« Sie ihn sofort »beiseite« und ersetzen Sie ihn durch eine angenehme Erinnerung.

Wichtig: Stimmen Sie sich vor solchen »Gedankenausflügen« in Ihre Vergangenheit optimistisch ein und seien Sie fest entschlossen, sich ausschließlich an die positiven Dinge zu erinnern. Als Ergebnis dieser Erinnerungen wird sich Ihr allgemeines Wohlbefinden verbessern (also das geistige *und* körperliche), da Sie durch die positiven Gedanken einen Motivationsschub erfahren und in der Erkenntnis leben, dass die Zeit damals nicht umsonst gewesen ist, sondern Ihnen noch heute als geistige Kraftquelle dient.

Worauf Sie beim Reichwerden achten sollten

> Reichtum ist wie Meerwasser:
> Je mehr man davon trinkt,
> desto durstiger wird man.
>
> *Sprichwort*

Wie in diesem Buch schon erwähnt, arbeiten die meisten Menschen auch, um sich mit dem verdienten Geld ihre Wünsche und Freuden zu erfüllen. Sind die Wünsche erfüllt und die Freuden genossen, kommen neue Wünsche in ihnen auf. Für diese Wunscherfüllung benötigen sie wieder neues Geld und oft auch mehr als zuvor, für noch mehr Genuss, noch mehr Komfort und noch mehr (finanzielle) Sicherheit. Um das dafür notwendige Geld zu bekommen, arbeiten sie noch härter und noch mehr als zuvor. Diese Spirale setzt sich in der Regel immer weiter fort, da befriedigte Wünsche immer wieder neue Wünsche hervorbringen. So reicht den meisten auch das angesparte Geld nie aus. Sie wollen immer noch mehr. Das führt dazu, dass selbst Multi-Millionäre von Ängsten geplagt werden, sie könnten eines Tages kein Geld mehr haben. Oft sind deren Ängste, all ihr Geld zu verlieren, sogar größer als zu Zeiten, in denen sie noch mittellos waren. Sie fürchten, all ihren Luxus und ihr Vermögen zu verlieren. Nicht selten sind sie gemütskrank.

Lernen Sie daher gleich von Anfang an, sich nicht von Ihren Ängsten beherrschen zu lassen.

Zu der eben genannten Verhaltensweise gibt es eine Fabel vom bekannten Fabeldichter Äsop, die sehr gut veranschaulicht, dass der bloße Besitz nicht glücklich macht, sondern nur sein Gebrauch:

Der Geizhals, der sein Geld vergraben hatte

Ein elender Geizhals machte alle seine Güter zu Golde, schmelzte das Gold zusammen und vergrub es unter der Erde, vergaß aber nicht, es alle Morgen zu besuchen. Dieses merkte ein Dieb; in der ersten bequemen Nacht war der Klumpen gestohlen; und der Geizhals wollte des Morgens darauf von Sinnen kommen. Was tobst du nun so? sprach einer von seinen Nachbarn. Da du dich entschlossen hattest, dein Gold nicht zu brauchen, so war es ja so gut, als ob du es nicht hättest. Lege einen Stein anstatt des Goldklumpens hin; und bilde dir ein, dieser Stein sei dein Schatz, so bist du auf einmal wieder so reich als zuvor.

Aus »Äsopische Fabeln«
(Diogenes Verlag, Zürich 1994)

Es ist zwar richtig, etwas für seine alten Tage zurückzulegen, aber man sollte das Geld nicht anbeten. Es ist sonst leicht möglich, dass man sein Leben lang Geld zusammenscharrt, sich nicht viel davon gönnt und es nach dem Tode seinen Erben zurücklässt, die sich dann darum streiten. Solche reichen Menschen gab und gibt es allerdings viel. Deshalb ist auch das Andenken an die meisten Millionäre nicht rühmlich. Reichtum an sich bringt keinen Ruhm.

Quellen der Zitate

Peale, Norman Vincent: *Heute fängt dein Leben an*
Oesch Verlag AG, Zürich 1986

Sattwell, Matthew: *Der Napoleon Hill Jahresplan*
mvg-Verlag, Landsberg am Lech 2000

Chen, Chao-Hsiu: *Lächelnde List*
Hugendubel Verlag, Kreuzlingen/München 2001

Richardson, Samuel: *Äsopische Fabeln*
Diogenes Verlag, Zürich 1994

Hill, Napoleon: *Denke nach und werde reich*
Hugendubel Verlag, Kreuzlingen/München 2000

Dr. Murphy, Joseph: *Das Erfolgsbuch*
Wilhelm Heyne Verlag, München 2002

Bibliografie

Carnegie, Andrew: *Die Wahrheit über Reichtum und Geld*
Oesch Verlag, Zürich 2000

M. R. Kopmeyer: *So werden Sie reich und glücklich*
Droemersche Verlagsanstalt, München 2002

Ponder, Catherine: *Die dynamischen Gesetze d. Reichtums*
Goldmann Verlag, München 1992

Peale, Norman Vincent: *Heute fängt dein Leben an*
Oesch Verlag AG, Zürich 1986

Tracy, Brian: *Das Maximum-Prinzip*
Campus Verlag GmbH, Frankfurt/Main 2003

Emerson, Ralph Waldo: *Essays*
Diogenes Verlag AG, Zürich 1983

Kiyosaki, Robert T./Lechter, Sharon L.:
Reichtum kann man lernen
mvg-Verlag, Landsberg am Lech 2001

Sattwell, Matthew: *Der Napoleon Hill Jahresplan*
mvg-Verlag, Landsberg am Lech 2000

Chen, Chao-Hsiu: *Lächelnde List*
Hugendubel Verlag, Kreuzlingen/München 2001

Richardson, Samuel: *Äsopische Fabeln*
Diogenes Verlag, Zürich 1994

Greene, Robert: *Power*
Carl Hanser Verlag, München/Wien 1999

Hill, Napoleon: *Denke nach und werde reich*
Hugendubel Verlag, Kreuzlingen/München 2000

Rye, David, E.: *1001 Wege Karriere zu machen*
mvg-verlag, Landsberg am Lech 2001

Nöllke, Matthias: *Schlagfertigkeit*
STS-Verlag, Planegg 1999

Dr. Murphy, Joseph: *Das Erfolgsbuch*
Wilhelm Heyne Verlag, München 2002

Olaf Huth:

Die Kunst
der erotischen Verführung

Strategien und Taktiken,
mit denen du jede/n
verführst

ISBN 3-980-83580-4

In diesem Buch erfahren Sie Strategien und Taktiken, mit denen Sie jede/n verführen.

Keine plumpen »Weisheiten«, mit denen sowieso kein Blumentopf zu gewinnen ist, sondern hochkarätige Tipps. Keine wissenschaftlichen Abhandlungen, sondern »fronterprobte« Hinweise in verständlicher Sprache. Kein mehrseitiges »Drum-herum-Gerede«, sondern gleich der Kern.

Über 150 Seiten wertvolles Wissen, dass auch Sie zu einem Meister (bzw.) einer Meisterin der erotischen Verführung macht.

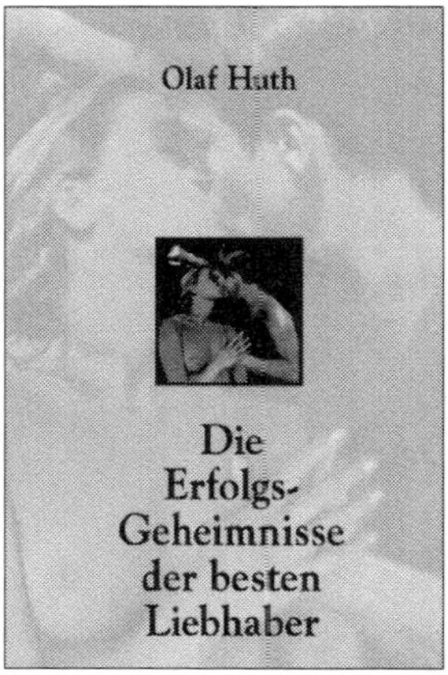

Olaf Huth:

Die Erfolgs-Geheimnisse der besten Liebhaber

ISBN 3-9808-3581-2

Die in diesem Buch genannten erotischen Tipps werden Ihrem Liebesleben das gewisse Etwas verleihen. Es sind die Erfolgs-Geheimnisse der besten Liebhaber der Welt aus der Vergangenheit und Gegenwart, die Sexgeheimnisse der Gigolos und Callboys sowie lebendige Erfahrungsberichte. Dieses Buch weist den Weg zur Freude, Lust und Leidenschaft, von der Sie schon immer geträumt haben.

Aber Vorsicht: Unter den anderen Männern werden Sie sehr viele Neider bekommen, und die Frauen werden von Ihnen schwärmen.

Olaf Huth:

Die Erfolgs-Geheimnisse der besten Liebhaberinnen

ISBN 3-9808-35841-7

Dieses Buch offenbart die geheimen Sehnsüchte und Vorlieben der Männer. Erfahren Sie, was Männer antörnt und welche Ängste und Zweifel sie haben. Lernen Sie, die versteckten Signale der Männer richtig zu verstehen und wie Sie bekommen, was Sie wollen.

Die in diesem Buch genannten Tipps und Tricks werden Ihrem Liebesleben das gewisse Etwas verleihen. Es sind die Erfolgs-Geheimnisse der besten Liebhaberinnen der Welt aus der Vergangenheit und Gegenwart, die Sexgeheimnisse der Callgirls sowie lebendige Erfahrungsberichte.

Olaf Huth:

Erfolgreich flirten und verführen

ISBN 3-9808-3583-9

In diesem Buch erfahren Sie, warum Sie weder reich noch schön sein müssen, um bei den Frauen Erfolg zu haben. Was wirklich zählt, sind ganz andere Eigenschaften.

Profitieren Sie von dem Wissen der besten Flirter und Verführer aus der Vergangenheit und Gegenwart.

Erfahren Sie, was Sie für Frauen begehrenswert macht, wie Sie mit Frauen in Kontakt kommen, wo sich die besten Flirtplätze befinden, was man(n) in Sachen Flirten und Verführung unbedingt tun sollte und was lieber unterlassen.

Leben Sie nicht länger in Ihren Träumen, sondern lassen Sie Ihre Träume vom Glück zu zweit wahr werden.

Olaf Huth:

Young Sexy Girls
Made in Germany

ISBN 3-9808-3582-0

Ein Bildband von der Schönheit der Frauen. Von professionellen Fotografen in Szene gesetzt und fotografiert. Widmen Sie sich Ihren Träumen und genießen Sie den sublimen Zauber des Ewig-Weiblichen, der uns Männer fasziniert.

Olaf Huth:

Wie Sie sich reich verkaufen

ISBN 3-9808-3588-X

Olaf Huth:

Geld sparen mit dem Internet

Gut leben und trotzdem sparen

ISBN 3-9808-3587-1

Olaf Huth:

Wie Sie lange jung, vital und schön bleiben

ISBN 3-9808-3589-8

Alle Titel können Sie auch direkt über unseren Verlag bestellen:

Internet: www.eShop2000.de

Telefax: (0049) 03 57 53/15 765

email: books-and-art@web.de